Lexifac
DROIT

Univ. Savoie
BU Annecy

REBUT

Introduction générale au droit

Christophe Sinnassamy
Maître de conférences à l'Institut d'études politiques de Paris.

AF855559

UNIVERSITE SAVOIE MONT BLANC
BIBLIOTHEQUES

Inv. : NA 32803

Dewey : 340 SIN

Bréal

Imprimé par CPI Firmin Didot
Le Mesnil-sur-l'Estrée (135477)

© Bréal, 2e trimestre 2016
Toute reproduction même partielle interdite
ISBN 978 2 7495 3539 5

AVANT-PROPOS

Le droit est partout. Facteur de stabilité des organisations, il régit le fonctionnement de la société et les relations entre individus. Ses règles s'appliquent de manière générale et unilatérale sur les justiciables qui y sont individuellement soumis. Le droit emploie aussi un vocabulaire spécifique; il s'appuie sur une logique dont les principes sont complexes.

Cet ouvrage est destiné à tous ceux qui souhaitent découvrir rapidement une matière aux multiples facettes. Il présente d'abord les notions essentielles ainsi que les principales divisions du droit. Il détaille ensuite ses différentes sources en mettant l'accent sur la diversité des normes juridiques. Il décrit enfin les catégories de droits rattachées à une personne physique ou morale, en précisant les modes d'administration de preuve utilisés par le juge.

Le livre expose sous forme de fiches les thèmes majeurs figurant au programme universitaire de la première année de licence en droit. Sa présentation claire et structurée poursuit un triple objectif:

- fournir une synthèse du cours en faisant ressortir les notions essentielles;

- assurer une préparation efficace aux examens en donnant aux étudiants la possibilité d'actualiser leurs connaissances;

- favoriser une consultation rapide sur un point particulier grâce à une mise en page qui rend plus facile le repérage d'une définition ou d'une référence jurisprudentielle.

Christophe Sinnassamy,
directeur de la collection « Lexifac droit »

SOMMAIRE

INTRODUCTION

PARTIE I : LE DROIT EN TANT QUE CONCEPT : LE PHÉNOMÈNE JURIDIQUE

TITRE I : PRÉSENTATION DU DROIT

Chapitre 1 – La règle de droit

Chapitre 2 – La formalisation du droit

TITRE II : DIVISIONS DU DROIT

Chapitre 1 – Le droit public et le droit privé

Chapitre 2 – Le droit interne et le droit international

TITRE II : DOMAINE D'APPLICATION DE LA RÈGLE DE DROIT

PARTIE III : LE DROIT EN TANT QUE PRÉROGATIVES : LES DROITS SUBJECTIFS

TITRE I : PRÉSENTATION DES DROITS SUBJECTIFS

TITRE II : PREUVE DES DROITS SUBJECTIFS

INTRODUCTION

Fiche 1

QU'EST-CE QUE LE DROIT ?

I. LE DROIT ET LA SOCIÉTÉ

Comme l'écrivait Emmanuel Kant dans *Critique de la raison pure*, les juristes « *cherchent encore une définition pour leur concept du droit* ». Il semblerait donc que définir le droit ne soit pas une chose aisée. Présent au quotidien, utilisé dans la vie courante, le terme « droit » est passé dans le langage commun. Il se définit par un ensemble de règles de conduite dont l'objectif est d'organiser la société.

A. Le droit organise la société

1. C'est un facteur stabilité

Toute organisation doit définir ses règles de fonctionnement. À défaut, le système qu'elle constitue et qui est composé d'institutions et de citoyens se transformerait en anarchie.

En tant que phénomène social, le droit régit le fonctionnement de la société ainsi que des personnes et des biens. C'est un facteur de stabilité qui permet soit d'éviter les conflits, soit de les résoudre lorsqu'ils apparaissent et qu'ils perturbent l'équilibre établi. Le droit sécurise donc les relations entre individus.

2. C'est un facteur de sécurité

Le droit protège de certaines violences comme la loi du plus fort ou la loi du Talion.

a) La loi du plus fort

C'est lorsque le plus fort impose ses règles au plus faible. Dans sa fable *Le loup et l'agneau*, Jean de La Fontaine la résume par « *la raison du plus fort est toujours la meilleure* ». Cette situation est source d'injustice : de fait, les individus ne sont pas égaux puisqu'une catégorie d'entre eux (les dominés) est soumise à une autre (les dominants).

b) La loi du Talion

Un autre exemple est la loi du Talion dont l'origine remonte au royaume de Babylone. Cette pratique instaure une réciprocité entre l'acte qui a été commis et la peine qui est encourue : « *œil pour œil, dent pour dent* ». De telles pratiques sont risquées car elles font naître une escalade de la violence. Et le sentiment de revanche se perpétue sans fin, au nom du désir de vengeance.

B. Le droit crée des règles

Le droit se matérialise par l'existence de règles. La question qui se pose est de savoir si le droit existe même si ces règles ne sont pas sanctionnées.

1. Les règles

Le droit énonce ce que les individus peuvent faire (ce qu'ils ont « le droit » de faire) : en somme, il s'agit des prérogatives qu'ils détiennent. D'une manière plus large, le droit définit également les règles de fonctionnement des organisations et des institutions politiques, économiques et sociales. Il n'existe donc pas de droit sans règles. Celles-ci peuvent être écrites ou non.

2. Les règles sanctionnées

Le raisonnement est un peu plus complexe si l'on considère que le droit n'existe que s'il édicte des règles sanctionnées. C'est une position de bon sens : après tout, si une règle n'est pas sanctionnée, c'est qu'elle n'est pas obligatoire. On ne risque donc rien si on l'enfreint.

Le droit français est un subtil mélange de règles. L'une de ses dimensions est fondamentale et contient des normes impératives. Celles-ci s'imposent de manière obligatoire, autoritaire et unilatérale, qu'on le veuille ou non. Une autre partie du droit est dite « supplétive » car elle ne s'applique qu'à défaut de volonté des individus, si ces derniers n'ont pas choisi d'autres règles. Cependant, toutes les règles de la vie en société ne constituent pas le droit. C'est notamment le cas de l'éthique ou de la morale qui tiennent toutefois une place importante.

II. LE DROIT, L'ÉTHIQUE ET LA MORALE

A. L'éthique

1. Subjectivité de l'éthique

Le droit est parfois comparé à l'éthique qui renvoie à des valeurs. Il s'agit d'une interprétation, sinon erronée, du moins excessive, car l'éthique est par définition une notion subjective : son contenu est différemment interprété suivant les individus. Là où l'un verra une atteinte à ses principes, l'autre, au contraire, s'en accommodera volontiers. L'appréciation d'un acte par rapport à l'éthique est donc variable dans le temps, dans l'espace et selon les individus. C'est tout le contraire du droit dont la principale finalité est d'analyser les situations de la manière la plus objective possible, à partir d'un référentiel solidement établi (les règles de droit).

2. Professionnalisation de l'éthique : la déontologie

Malgré tout, droit et éthique se rejoignent parfois lorsqu'une situation contraire à l'éthique donne lieu à sanction. C'est notamment le cas quand l'éthique présente toutes les caractéristiques d'un ensemble de règles professionnelles. Elle est alors plus connue sous le nom de « déontologie ». Ainsi, l'Ordre national des médecins peut être amené à sanctionner lourdement un praticien ayant manqué à ses obligations. En application du code de déontologie médicale, en cas de charlatanisme ou d'euthanasie, la personne concernée peut encourir jusqu'à la radiation définitive du tableau de l'ordre des médecins, ce qui la prive de toute possibilité d'exercer une fonction médicale.

B. La morale

1. Une conduite en société

La morale est également fondée sur des valeurs. Contrairement à l'éthique, le non-respect de celles-ci ne donne pas lieu à sanction. Bien souvent, ces règles que l'on peut appeler « de bonne conduite » ne sont pas écrites. Elles sont transmises par l'éducation, l'expérience de vie en communauté et servent de références communes dans la société. Il s'agit par exemple de la politesse, du courage, de la vertu ou de la fidélité.

2. Une « philosophie » de vie

La morale amène souvent, de manière un peu philosophique, à s'interroger sur ce que l'on a fait alors qu'on n'aurait pas dû, ce qui amène à éprouver du regret. Inversement, s'il n'a pas accompli une action qui aurait été utile, l'individu éprouve du remords. La morale trouve donc son équilibre entre le bien et le mal.

PARTIE I

LE DROIT EN TANT QUE CONCEPT : LE PHÉNOMÈNE JURIDIQUE

Le droit est un ensemble multiforme, difficile à appréhender dans son ensemble tant ses domaines d'application sont nombreux. Il repose sur des principes formalisés de valeur et de portée variables qui réglementent les relations entre justiciables.

TITRE I

PRÉSENTATION DU DROIT

Fiche 2

LA RÈGLE DE DROIT EST OBLIGATOIRE ET GÉNÉRALE

Une règle de droit est une disposition contenant des principes juridiques généraux et obligatoires.

I. LE CARACTÈRE OBLIGATOIRE DES RÈGLES DE DROIT

A. L'autorité de la règle de droit

La formation d'une règle de droit ne repose pas sur un mécanisme conventionnel, c'est-à-dire lié au consentement (ou à la bonne volonté) de ceux qui y sont soumis. C'est en quelque sorte un « ordre » donné à chaque individu. Les règles s'appliquent de manière autoritaire, unilatérale, par l'exercice des prérogatives de puissance publique détenues par l'État (coercition étatique).

B. La sanction de la règle de droit

La principale caractéristique d'une règle de droit est d'être obligatoire. À ce titre, elle s'impose à tous (*erga omnes*). Son irrespect entraîne une sanction civile (résiliation d'un contrat, dommages et intérêts...) ou pénale (amende, peine de prison...).

II. LE CARACTÈRE GÉNÉRAL DES RÈGLES DE DROIT

A. L'égalité des justiciables devant le droit

Les règles de droit sont des normes (du latin *norma* signifiant « équerre » ou « règle »). Elles sont abstraites et impersonnelles car elles n'ont pas vocation, sauf cas particuliers, à opérer de distinction entre les justiciables. Leur application est uniforme dans l'espace : elles sont appliquées de façon identique sur l'ensemble du territoire.

B. La diversité des formes des règles de droit

Les règles de droit sont le plus souvent écrites : c'est le cas lorsqu'elles sont issues de la Constitution ou de lois. En revanche, elles ne sont pas écrites lorsqu'elles proviennent d'usages ou de coutumes.

Elles sont soit générales quand elles s'appliquent à tous, soit spéciales si elles ne visent qu'une catégorie d'individus ou certains comportements de ceux-ci.

Fiche 3

LA RÈGLE DE DROIT EST PERMANENTE ET ÉCRITE

I. UNE APPLICATION PERMANENTE DE LA RÈGLE DE DROIT

A. La prise d'effet

La règle de droit s'applique de manière générale dans le temps, à compter de son entrée en vigueur (publication d'une loi par exemple). Elle ne produit des effets que pour l'avenir car elle ne peut pas avoir d'effet rétroactif.

B. La cessation d'effet

L'application d'une règle de droit ne cesse qu'au moment de son retrait (abrogation d'un ancien texte, modification d'un texte existant, publication d'un nouveau texte).

II. UNE PRÉSENTATION ÉCRITE DE LA RÈGLE DE DROIT

A. L'exigence d'un écrit

Si les règles de droit sont obligatoires, elles doivent être connues de tous. Elles doivent en conséquence être écrites pour que l'on puisse y avoir accès.

Le célèbre adage « *nul n'est censé ignorer la loi* » n'implique pas que l'on doive parfaitement maîtriser l'intégralité des règles existantes, ce qui est matériellement impossible tant les domaines de spécialité juridique sont nombreux. Il signifie seulement que l'on ne peut pas invoquer la méconnaissance d'une disposition pour justifier de ne pas l'avoir appliquée.

B. L'exigence d'un écrit publié

Afin que les règles de droit soient accessibles, elles font l'objet de publications, notamment au *Journal officiel*. Avec l'évolution des technologies, la dématérialisation est aujourd'hui la règle. L'accès direct aux sources juridiques est donc possible *via* Internet qui offre la possibilité de consulter un grand nombre de bases de données et de sites institutionnels spécialisés.

C. L'exigence d'un écrit publié et intelligible

1. L'écriture du droit

Les règles de droit sont rédigées en français. Leur technique d'écriture repose sur une méthode et sur des conventions de rédaction tout à fait spécifiques, dénommées « légistique ». Mais elles demeurent encore parfois formulées dans un style compliqué pouvant dérouter le néophyte. C'est la raison pour laquelle est progressivement apparue une exigence d'intelligibilité des normes juridiques.

2. L'intelligibilité du droit

L'intelligibilité repose sur un degré suffisant de précision des textes et sur leur absence d'ambiguïté. C'est l'une des composantes de la sécurité juridique qui doit permettre de déterminer facilement ce qui est autorisé ou interdit par la législation. L'autre objectif est d'éviter que les justiciables soient dans l'incapacité de faire valoir leurs droits par méconnaissance ou incompréhension de ceux-ci.

L'exigence d'intelligibilité a été rappelée à plusieurs reprises par les plus hautes institutions. En 1991, le rapport public du Conseil d'État rappelle que lorsque « *le droit bavarde, le citoyen ne lui prête plus qu'une oreille distraite* ». Quelques années plus tard, en 1999, ce sera au Conseil constitutionnel de consacrer l'exigence d'intelligibilité de la loi au rang d'objectif de valeur constitutionnelle. Cela lui permettrait éventuellement de déclarer non conforme à la Constitution un texte confus, trop technique ou excessivement complexe.

Fiche 4

LES ORIGINES D'UNE RÈGLE DE DROIT

La règle de droit peut prendre différentes formes. La plus répandue est la loi élaborée par le pouvoir législatif (Parlement). On trouve également des règles rédigées par le pouvoir exécutif (gouvernement): il s'agit des actes réglementaires.

I. LE POUVOIR LÉGISLATIF DU PARLEMENT

A. La représentation nationale

1. Un régime bicaméral

Le Parlement représente les citoyens. Il détient le pouvoir de légiférer, c'est-à-dire de préparer, de discuter et de voter les lois. La France est dotée d'un système parlementaire bicaméral (*camera*: « chambre » en latin), c'est-à-dire qu'il est composé de deux chambres: l'Assemblée nationale et le Sénat.

2. Les deux chambres

a) L'Assemblée nationale

L'Assemblée nationale siège au Palais-Bourbon, sur la rive gauche de la Seine. On la surnomme également « chambre basse » parce que son mode d'élection au suffrage universel direct (scrutin uninominal majoritaire à deux tours) la rend plus proche du peuple qu'elle représente. Elle compte 577 députés élus pour cinq ans.

b) Le Sénat

Le Sénat (« chambre haute ») siège au Palais du Luxembourg. Il comprend 348 sénateurs élus au suffrage universel indirect pour six ans. En application de l'article 7 alinéa 4 de la Constitution, le président du Sénat assure l'intérim du président de la République en cas de vacance de la fonction, qu'elles qu'en soient les raisons (décès, démission, empêchement constaté par le Conseil constitutionnel).

B. Les projets de loi et les propositions de loi

1. Les projets de loi

Lorsque les lois émanent du gouvernement, il s'agit de « projets de loi ». Une fois transmis au Parlement, ces projets suivront le circuit classique de discussion puis de vote, sous la maîtrise exclusive du législateur au nom de la séparation des pouvoirs.

2. Les propositions de loi

Les lois peuvent aussi être initiées par les députés et les sénateurs : dans ce cas, on parle de « propositions de loi ». Les propositions de loi peuvent porter sur les mêmes domaines que les projets de loi d'origine gouvernementale. Toutefois, l'article 40 de la Constitution prévoit que les propositions de loi dont l'adoption aurait pour conséquence une diminution des ressources publiques ou une aggravation des charges publiques ne seraient pas recevables.

II. LE POUVOIR RÉGLEMENTAIRE DU GOUVERNEMENT

A. L'autonomie du pouvoir réglementaire

Les actes réglementaires sont prévus à l'article 37 de la Constitution qui prévoit l'existence d'un pouvoir réglementaire autonome par rapport à la loi : « *les matières autres que celles qui sont du domaine de la loi ont un caractère réglementaire* ». En résumé, tout ce qui ne relève pas du domaine législatif est réglementaire.

B. Les acteurs du pouvoir réglementaire

1. Au niveau central

a) Les acteurs

Plusieurs acteurs sont investis du pouvoir réglementaire :

- le président de la République (article 13 de la Constitution) pour les textes les plus importants (décrets) qui doivent être délibérés en Conseil des ministres ;
- le Premier ministre (article 21 de la Constitution) ;
- les ministres, mais uniquement par délégation du Premier ministre (car ils ne détiennent pas de pouvoir réglementaire propre).

b) La compétence des acteurs

La répartition des compétences entre le président de la République et le Premier ministre pour l'exercice du pouvoir réglementaire n'est pas définie par la Constitution. Le passage en Conseil des ministres s'apprécie donc au cas par cas, en fonction du contenu et de la portée des décrets.

2. Au niveau déconcentré et décentralisé

a) L'administration déconcentrée

L'administration déconcentrée de l'État (préfets, services des ministères...) dispose également d'un pouvoir réglementaire de police administrative générale (protection de l'ordre public) et spéciale (environnement, spectacles, chasse, circulation routière...).

b) Les collectivités territoriales

La révision constitutionnelle du 28 mars 2003 a reconnu l'exercice d'un pouvoir réglementaire aux collectivités territoriales « *pour l'exercice de leurs compétences* » (article 72 alinéa 3 de la Constitution). Il s'agit par exemple de la réglementation municipale en matière d'urbanisme, de l'organisation interne des services communaux ou des modalités de gestion des services publics locaux (accueil des gens du voyage, cimetières, ordures ménagères...).

Fiche 5

LA FINALITÉ D'UNE RÈGLE DE DROIT

I. GARANTIR LA JUSTICE AUX CITOYENS, ENTRE ÉGALITÉ ET ÉQUITÉ

A. La nuance terminologique

1. En théorie

L'égalité implique un traitement identique des individus : des moyens et des contraintes comparables pour un résultat analogue. L'équité repose sur un traitement différencié ou individualisé afin de rechercher des résultats plus justes.

2. En pratique

Si l'on prend, par exemple, une piste ovale de course à pied, l'égalité consisterait à placer tous les coureurs au même point de départ, quelle que soit leur position respective dans leurs couloirs. Or l'on sait que plus le couloir est proche du centre, moins la distance à parcourir est importante. Le principe d'égalité serait donc à l'origine d'une injustice entre les coureurs puisque certains devraient parcourir une distance plus longue que les autres. L'équité consiste à les décaler les uns par rapport aux autres, de sorte qu'ils effectuent une course de longueur équivalente.

B. Les justices commutative et distributive

1. En théorie

Dans le domaine de l'application du droit, l'égalité est un principe de justice commutative. Pour Aristote, la justice commutative ignore les différences entre les individus qui bénéficient de droits identiques et sont soumis aux mêmes obligations. Ce concept se distingue de l'équité qui caractérise la justice distributive. Selon cette approche, traiter d'une manière égale des situations inégales crée des injustices : elle implique donc de tenir compte des cas personnels individuels.

2. En pratique

Concrètement, la justice commutative prévoira des allocations octroyées sans condition de ressources, comme en matière fiscale, où certaines aides sont prévues pour la rénovation énergétique des logements. À l'inverse, la justice distributive modulera les prestations en fonction des revenus (aide ménagère à domicile pour les personnes âgées).

II. GARANTIR LA SÉCURITÉ JURIDIQUE

A. Le principe de sécurité juridique

1. Une règle implicite

Le principe n'est pas explicitement présent en droit français. Il n'apparaît que de manière détournée sous l'expression « *sûreté* » dans l'article 2 de la Déclaration des droits de l'Homme et du citoyen : « *le but de toute association politique est la conservation des droits naturels et imprescriptibles de l'Homme [...] : ces droits sont la liberté, la propriété, la sûreté, et la résistance à l'oppression* ».

2. L'objectif de la sécurité juridique

La sécurité juridique protège les citoyens (les justiciables) de trois risques :

- la complexité du droit ;
- les incohérences entre les textes ;
- l'instabilité des règles lorsque celles-ci changent trop rapidement.

B. La consécration du principe de sécurité juridique

1. La consécration par le Conseil d'État

a) La vision théorique

Le rapport d'activité pour l'année 2006 du Conseil d'État, publié au début du mois de mars 2006, précise les contours de la sécurité juridique. Plus exactement, il détaille la vision personnelle (presque « idéale ») qu'en a le juge administratif. Selon lui, le principe de sécurité juridique implique que les citoyens soient en mesure de déterminer ce qui est permis et ce qui est défendu par le droit applicable : « *pour parvenir à ce résultat, les normes édictées doivent être claires et intelligibles, et ne pas être soumises, dans le temps, à des variations trop fréquentes, ni surtout imprévisibles* ».

b) La vision pratique

Peu de temps après cette publication, le Conseil d'État sera amené à préciser cette notion. Il le fera, cette fois juridiquement, à travers sa formation la plus importante jugeant les affaires remarquables : l'Assemblée du contentieux. Dans l'arrêt du 24 mars 2006 (KPMG et autres), il indique qu'« *il incombe à l'autorité investie du pouvoir réglementaire d'édicter, pour des motifs de sécurité juridique, les mesures transitoires qu'implique, s'il y a lieu, une réglementation nouvelle* ».

2. La consécration par le Conseil constitutionnel

L'intégralité de la Déclaration des droits de l'Homme et du citoyen (où apparaît la notion de sûreté) est reprise par le préambule de la Constitution de 1958. Elle intègre ainsi le « bloc de constitutionnalité ». Celui-ci est constitué de toutes les normes juridiques à partir desquelles le Conseil constitutionnel assure le contrôle de constitutionnalité des lois. Il en résulte que si la sécurité juridique ne peut pas être érigée au rang des « principes constitutionnels » au sens strict, elle revêt néanmoins toutes les caractéristiques d'une « exigence de valeur constitutionnelle ».

C. La mise en œuvre du principe de sécurité juridique

Les méthodes destinées à garantir la sécurité juridique sont multiples et non exclusives les unes des autres : réduire le nombre de textes, abroger les textes désuets, éliminer les dispositions contradictoires, simplifier la rédaction des dispositions, mener systématiquement une étude d'impact de nouvelles mesures sur la situation existante...

III. PROTÉGER L'ORDRE PUBLIC

A. La notion d'ordre public

1. Périmètre

L'ordre public est l'ensemble des règles obligatoires pour l'organisation de la vie en société. Le concept est très proche de la notion d'intérêt général. Suivant une conception traditionnelle et désormais bien arrêtée, l'ordre public recouvre la sécurité, la salubrité et la tranquillité publique.

2. Source

L'expression « ordre public » n'apparaît qu'à une seule reprise dans le bloc de constitutionnalité. L'article 10 de la Déclaration des droits de l'Homme et du citoyen (1789) énonce ainsi que « *nul ne doit être inquiété pour ses opinions, même religieuses, pourvu que leur manifestation ne trouble pas l'ordre public établi par la Loi* ».

B. La protection de l'ordre public

1. L'exigence de proportionnalité

La protection de l'ordre public doit être adaptée de manière à ne pas entraver l'exercice des libertés et des droits fondamentaux. Les mesures mises en œuvre pour le maintenir sont donc placées sous le contrôle du juge qui, au cas par cas, apprécie leur bonne adéquation (proportionnalité) aux risques encourus.

2. La sanction de la nullité

En droit, il existe de nombreuses dispositions dites « d'ordre public ». Il s'agit de normes obligatoires (le plus souvent des lois) ne pouvant être contournées de quelque manière que ce soit. C'est ce que précise l'article 6 du code civil : « *on ne peut déroger, par des conventions particulières, aux lois qui intéressent l'ordre public et les bonnes mœurs* ». Il en résulte que si une clause d'un contrat méconnaissait une disposition d'ordre public, elle serait entachée de nullité. Elle serait réputée non écrite (et donc de nul effet).

IV. FAIRE ÉVOLUER L'ORDRE JURIDIQUE EXISTANT

A. La diversité des normes juridiques

Les règles de droit forment un ensemble de textes applicables. Mais les évolutions de la société imposent parfois de modifier les règles en vigueur.

Lorsqu'elle est créée, la règle de droit prend la forme d'une norme. Il en existe différents types d'importance variable. La Constitution ayant une valeur supérieure à la loi, cette dernière ne pourra être promulguée qu'à la condition d'avoir été déclarée conforme à la Constitution par le Conseil constitutionnel. De la même manière, un arrêté qui a une valeur inférieure à un décret ne pourra pas contredire ce dernier.

B. La hiérarchie des normes juridiques

La diversité des normes juridiques a conduit Hans Kelsen, juriste austro-américain (1881-1973) et créateur de l'école normativiste, à construire la célèbre théorie de la hiérarchie des normes. Au sommet d'une forme pyramidale, se trouve une norme suprême ou « norme fondamentale » (*Grundnorm*). La théorie de Kelsen se base sur la notion de conformité. Une norme inférieure n'est valide que si elle est conforme à celle qui lui est immédiatement supérieure. Si elle lui est contraire, elle doit être corrigée.

Fiche 6

LE PRINCIPE DE CODIFICATION DU DROIT

I. LES OBJECTIFS DE LA CODIFICATION DU DROIT

A. La simplification du droit

Sous l'Ancien Régime, la France connaissait une grande diversité de droits (coutumes, principes de droit romain, règles de droit canonique, ordonnances royales). Ce foisonnement était à la fois complexe et peu pratique puisque, selon les régions, le droit applicable changeait. Cette situation ne facilitait pas les relations commerciales entre régions et perturbait les déplacements sur les différentes parties du territoire.

B. L'unification du droit

Il est donc apparu nécessaire de constituer un référentiel unique, cohérent et de nature à simplifier les règles dans un secteur donné. Le document devait être aussi le plus complet possible pour permettre que tous les litiges soient tranchés et que le mode de règlement des différends soit régi par le même droit.

II. L'HISTOIRE DE LA CODIFICATION EN FRANCE

A. L'Ancien Régime

La première étape de la codification en France remonte au règne de Louis XIV. Compilation de plusieurs textes de droit civil et pénal, le « code Louis » prend la forme d'une ordonnance enregistrée en 1670 par le Parlement de Paris afin de simplifier les règles de la justice civile et criminelle. Mais alors qu'il devait annoncer la poursuite de travaux plus complets d'unification du droit, ce code fut rapidement abandonné sous la pression des différents Parlements. Ces derniers montraient en effet une grande hostilité face à ce qu'ils considéraient comme une atteinte arbitraire du souverain aux libertés du peuple.

B. La période révolutionnaire

À la Révolution, les travaux d'unification et de simplification reprennent. La codification devient l'instrument du légalisme, système dans lequel la loi doit être la seule source du droit.

Dans sa séance du 5 juillet 1790, l'Assemblée constituante pose le principe de simplification. Il est repris par l'article 19 de la loi des 16-24 août 1790 sur l'organisation judiciaire : « *les lois civiles seront revues et réformées par les législatures et il sera fait un code général de lois simples, claires et appropriées à la*

Constitution». La Constitution des 3 et 4 septembre 1791 poursuit ces travaux qui aboutissent à la création d'un comité de législation par l'Assemblée législative le 13 octobre 1791.

C. L'Empire

1. La double approche de codification

La codification du droit prend une nouvelle ampleur avec Napoléon. Un choix se pose rapidement : soit rédiger un document unique applicable à l'ensemble du pays et couvrant l'intégralité des règles, soit diviser le référentiel par branches du droit. L'avantage de la première solution réside dans l'existence d'un texte unique. Toutefois, le document aurait été volumineux et compliqué en termes d'application : les différentes branches du droit obéissent à des règles techniques et peu accessibles à des interprètes qui n'en sont pas spécialistes. Il est donc rapidement apparu préférable d'élaborer un code par domaine de spécialité (droit civil, droit pénal, droit commercial...) laissé à la rédaction des seuls juristes compétents.

2. La naissance des codes napoléoniens

Par la loi du 30 ventôse an XII (21 mars 1804), le code civil voit le jour : il est le premier des cinq codes dits « napoléoniens ». Quatre autres codes suivent peu de temps après : le code de procédure civile (1806), le code de commerce (1807), le code d'instruction criminelle (1808) et le code pénal (1810).

D. La IIIe République

Une nouvelle impulsion est donnée aux travaux de codification qui avaient un peu été perdus de vue. Le code du travail, le code de la famille et quelques codes particuliers (code disciplinaire et pénal de la marine marchande et code rural) voient le jour.

E. La IVe République

Le décret 48-800 du 10 mai 1948 institue une commission chargée de réunir l'ensemble des textes législatifs et réglementaires en vigueur et de coordonner puis de compléter les travaux déjà entrepris par les différentes administrations. L'objectif est de soumettre au gouvernement toutes les suggestions relatives à la simplification de ces textes en vue de faciliter les travaux de codification (article 1er). L'activité de la commission est productive et de nouveaux codes apparaissent : code de la santé publique, code de l'administration communale, code de la Sécurité sociale, code des postes et télécommunications...

F. Plus récemment...

Le 12 septembre 1989, la Commission supérieure de codification (CSC) a été instituée. Présidée par le Premier ministre, elle a pour rôle de :

- programmer les travaux de codification ;
- définir la méthodologie d'élaboration des codes en émettant des directives générales ;

- coordonner les groupes de travail chargés d'élaborer les projets de codes.

La CSC rend également des avis sur des projets de codification. Au cours de l'année 2015, elle a procédé à l'examen de plusieurs d'entre eux:

- code des relations entre le public et les administrations;
- code de l'urbanisme;
- code des pensions militaires d'invalidité et des victimes de guerre.

Fiche 7

LA TECHNIQUE DE CODIFICATION DU DROIT

I. LES TYPES DE CODIFICATION

On distingue deux types de codification.

A. La codification à droit constant

1. Principe

La codification à droit constant est le principe général de la codification. Il s'agit d'une simple compilation des règles existantes : il n'est pas possible d'innover ni de créer de nouveaux principes. Cette volonté de rassembler s'explique par la complexité des sources applicables. Face à elle, l'unification des différents référentiels apparaît comme le seul élément efficace de simplification.

2. Exception

L'absence d'innovation juridique et de nouveaux principes fait parfois l'objet d'exceptions, en particulier lorsque se pose la question de l'abrogation de dispositions désuètes ou contradictoires avec des règles plus récentes. C'est ainsi qu'à titre exceptionnel ont pu être autorisées des modifications « *pour améliorer la cohérence rédactionnelle des textes rassemblés, assurer le respect de la hiérarchie des normes et harmoniser l'état du droit* » (article 3 de la loi du 12 avril 2000 relative aux droits des citoyens dans leurs relations avec les administrations).

Le code de la propriété intellectuelle (1992) et le code du travail (2008) sont des codes issus de la codification à droit constant.

B. La codification à droit non constant

La codification à droit non constant (dite également « classique » ou « matérielle ») est une modalité créative de droit. Il s'agit de regrouper différentes sources juridiques éparses, d'en éliminer les contradictions et d'établir de nouvelles règles de droit d'application générale de nature législative ou réglementaire.

Le code monétaire et financier (2005) et le code général de la propriété des personnes publiques (2006) sont des exemples de codes issus de la codification à droit non constant.

II. LA MÉTHODOLOGIE DE CODIFICATION

La codification d'un texte repose sur une arborescence (plan) qui impose une numérotation spécifique de ses différentes parties (articles).

A. Le plan du code

1. Partie législative et partie réglementaire

Les codes prévoient le plus souvent deux parties :

- l'une contient les dispositions législatives dont les numéros d'articles débutent par la lettre « L » ;
- l'autre rassemble les dispositions de nature réglementaire (numéros précédés par la lettre « R »).

2. L'arborescence du plan

L'une des étapes les plus importantes des travaux de codification est d'élaborer le plan du futur code. Il s'agit de la trame générale qui doit être rédigée en partant des règles générales pour ensuite les décliner de manière particulière. De la même façon, les principes doivent précéder les éventuelles exceptions.

La division du plan fait l'objet d'une terminologie spécifique. Au plus haut niveau se trouvent les « livres » divisés en « titres », eux-mêmes composés de « chapitres ». Viennent ensuite les « sections », éventuellement les « sous-sections » puis les « paragraphes ».

B. La numérotation des articles du code

Les articles des codes sont numérotés en fonction de leur emplacement dans le plan. Par exemple, un article d'origine législative situé dans le chapitre IV du titre I du livre II commencera obligatoirement par L. 214. Il sera complété d'un tiret et d'une numérotation séquentielle, c'est-à-dire que chaque nouveau numéro d'article suivra le précédent sans trou ni doublon (article L. 214-1, article L. 214-2, article L. 214-3...).

Fiche 8

LA DIFFUSION DES RÈGLES DE DROIT

I. LE PRINCIPE DE DIFFUSION DES RÈGLES DE DROIT

La chute de l'Ancien Régime marque le point de départ d'une très profonde réforme de la société française. Les citoyens sont égaux entre eux, jouissent de droits, mais ils sont parallèlement soumis à des devoirs.

A. La loi : entre droits et devoirs

Le 26 août 1789, l'Assemblée nationale réunie en constituante adopte la Déclaration des droits de l'Homme et du citoyen qui servira de préambule à la Constitution de 1791. Le préambule de cette déclaration énonce que « *l'ignorance, l'oubli ou le mépris des droits de l'Homme sont les seules causes des malheurs publics et de la corruption des Gouvernements* ». Le texte qui expose les droits naturels, inaliénables et sacrés de l'Homme précise par ailleurs que des devoirs s'imposent à tous les citoyens au nom du principe d'égalité.

B. La loi : de l'égalité à l'opposabilité

Dans ce nouvel équilibre qui se crée, la loi est donc garante de cette égalité entre citoyens. Pour être appliquée de manière générale, elle doit d'abord être la même pour tous (article 6 de la Déclaration des droits de l'Homme et du citoyen de 1789). Il faut ensuite qu'elle soit portée à la connaissance des citoyens, donc publiée. Cette publication est une condition essentielle de l'opposabilité de la loi, c'est-à-dire de sa capacité à s'appliquer de manière autoritaire sur les justiciables. Ceux-ci ne pourront ni en méconnaître les principes, ni en refuser les effets.

II. LES MODALITÉS DE DIFFUSION DES RÈGLES DE DROIT

Si le support écrit a longtemps prévalu, les formes et les supports de publication ont beaucoup évolué.

A. La pratique jusqu'à la fin de l'Ancien Régime

1. Une pratique ancienne : l'écrit

Sous l'Ancien Régime, la forme papier était la plus ancienne. En l'absence de support écrit, les textes étaient parfois communiqués aux citoyens par le tambour de ville (ou le crieur public) qui en lisait publiquement le contenu.

À cette époque, les ordonnances et édits royaux ne devenaient exécutoires qu'après passage devant les parlements (parlement de Paris et autres parlements provinciaux). Leur entrée en application était souvent longue et complexe puisque ces assemblées pouvaient les corriger, les compléter (au titre du droit de remontrance), voire refuser de les enregistrer.

2. Une pratique nouvelle : l'écrit publié

En 1631, l'apparition de *La Gazette* de Théophraste Renaudot (qui donnera son nom au prix littéraire) marque le début de la publication de certains textes royaux. Or ce n'était pas vraiment son but initial qui était plutôt d'informer les lecteurs de la vie politique de la cour et des événements survenant à l'étranger. Devenue *Gazette de France* en 1762, elle est à l'époque l'organe « officiel » du gouvernement royal. Sa parution devient quotidienne à la Révolution. Elle prend le nom de *Gazette nationale de France*. Parallèlement, le *Bulletin des lois*, un journal concurrent, est créé le 4 décembre 1793. Il devient le recueil officiel des lois, ordonnances et décrets du gouvernement.

B. La pratique depuis la création du *Journal officiel* à nos jours

1. L'ancien support de publication

Le *Journal officiel* fait son apparition en 1868. Le décret du 5 novembre 1870 qui supprime le *Bulletin des lois* lui attribue le monopole de la diffusion des lois et décrets sur l'ensemble du territoire.

2. Le support actuel de publication

Le support actuel de diffusion des règles de droit est le *Journal officiel de la République Française* (*JORF*, appelé communément *JO*). Le *Journal officiel* paraît quotidiennement sous forme papier et sous forme numérique du mardi au dimanche.

Actuellement, c'est à la Direction de l'information légale et administrative (DILA) qu'il appartient de publier l'ensemble des normes juridiques applicables. La DILA est l'une des directions d'administration centrale des services du Premier ministre. Elle est placée sous l'autorité du secrétaire général du gouvernement.

3. Les conséquences de la publication

En application des dispositions de l'article 1er du code civil, les textes entrent en vigueur à la date qu'ils fixent ou, à défaut, dès le lendemain de leur publication au *Journal officiel*. La parution d'une loi ou d'un décret au *Journal officiel* le rend donc immédiatement opposable à chaque citoyen. Dès lors, celui-ci est soumis, en tant que justiciable, aux différentes obligations ou interdictions qu'il contient.

4. La diffusion des règles de droit sous forme dématérialisée

Avec le développement des technologies de l'information et de la communication, les modalités de diffusion du *Journal officiel* ont fait l'objet d'importants changements. Depuis 2004, il est publié sur Internet et consultable en ligne à partir d'un site dédié (www.journal-officiel.gouv.fr).

Devant le succès rencontré par ce mode de diffusion et en raison du coût de l'édition papier, la loi du 22 décembre 2015 a décidé la suppression de celle-ci à compter du 1er janvier 2016. Depuis cette date, le *Journal officiel* est donc uniquement dématérialisé.

III. LES ÉTAPES DE DIFFUSION DES RÈGLES DE DROIT

A. La promulgation

La promulgation est l'acte par lequel le président de la République constate que la procédure législative a été respectée et que toutes les étapes de la procédure parlementaire ont été suivies. La signature qu'il appose confère à la loi votée son caractère exécutoire. À compter de la promulgation, elle sera exécutée comme « loi de l'État ».

B. La publication

Les lois sont publiées au *Journal officiel* après leur promulgation par le président de la République. Comme les textes réglementaires (qui, eux, n'ont pas à être promulgués), elles deviennent exécutoires le lendemain de leur publication ou à une autre date que le législateur aura déterminée (article 1er du code civil).

C. Les décrets d'application

1. La justification des décrets d'application

Certaines lois sont libellées en termes trop généraux. Elles ne sont donc pas directement applicables en l'état et doivent être précisées, rendues plus concrètes et accessibles. D'autres lois apportent de tels changements au droit applicable que le législateur a prévu une phase transitoire avant leur complète entrée en vigueur. Les décrets d'application viennent remédier à ces deux situations.

2. La portée des décrets d'application

a) La finalité des décrets d'application

Les décrets d'application ont un double but. En premier lieu, ils définissent les modalités pratiques d'application des lois. En second lieu, ils reportent, jusqu'à la date de leur publication, l'entrée en vigueur de certaines lois complexes. Le recours à ces décrets n'est jamais présumé : il doit être explicitement prévu et mentionné en tant que tel par les lois concernées. Sans ces textes, la loi ne sera pas appliquée car elle n'est pas encore applicable.

b) La limite des décrets d'application

On perçoit assez facilement la limite d'une telle pratique : il suffit que le décret d'application ne soit pas publié pour que la loi ne s'applique pas. Cette procédure, souvent critiquée, est donc une atteinte aux pouvoirs du Parlement car elle remet en question le caractère exécutoire des lois régulièrement promulguées.

TITRE II

DIVISIONS DU DROIT

LES PRINCIPES DU DROIT PUBLIC

I. LE DROIT PUBLIC ET L'INTÉRÊT GÉNÉRAL

A. La définition du droit public

Le droit public est l'ensemble des règles portant sur l'organisation politique, administrative et économique des personnes morales de droit public. Il pose également les principes applicables aux relations entre administrés et administration ainsi qu'entre États, notamment dans leurs rapports avec les organisations internationales.

Le droit public, anciennement appelé « bien commun », est fondé sur la défense de l'intérêt général.

B. La définition de l'intérêt général

La notion d'intérêt général (également appelée « utilité publique ») est relativement floue. Elle est aussi variable, ce qui la rend difficile à cerner.

1. Une somme d'intérêts particuliers

L'intérêt général est d'abord une somme d'intérêts particuliers. Mais cette définition se heurte rapidement à une difficulté lorsque ceux-ci deviennent contradictoires. Il est en effet fréquent qu'ils s'opposent, d'où la nécessité de procéder à des arbitrages pour tenter de rapprocher les parties.

2. Une éthique commune à tous les individus

L'intérêt général comprend ensuite une dominante philosophique très proche de la morale. Il s'agit de valeurs communes, d'une certaine éthique partagée par tous, d'objectifs collectifs dont l'atteinte procure épanouissement et sécurité. C'est d'ailleurs dans ce sens que le Conseil d'État, dans son rapport public pour l'année 1999, a été amené à préciser que l'intérêt général faisait appel « *à la capacité des individus à transcender leurs appartenances et leurs intérêts pour exercer la suprême liberté de former ensemble une société politique* ».

3. Le fondement du service public

Le concept d'intérêt général contient enfin un aspect politique. Il porte l'action de l'administration dans son fonctionnement interne comme dans les relations qu'elle entretient avec les usagers. L'intérêt général est donc intimement lié à la notion de service public : c'est l'objectif qui sous-tend toute l'activité des services publics visant à satisfaire les besoins collectifs des usagers.

II. LE DROIT PUBLIC ET LES PRÉROGATIVES DE PUISSANCE PUBLIQUE

La notion de prérogative de puissance publique est indissociable du droit public.

A. Le concept de prérogative de puissance publique

1. Un pouvoir unilatéral de l'administration

Le droit public repose sur l'exercice de prérogatives de puissance publique qui confèrent à l'administration le pouvoir d'imposer des obligations aux administrés pour réaliser une mission d'intérêt général. Elles s'appliquent de manière unilatérale, donc sans leur consentement préalable.

2. Une atteinte aux libertés individuelles

Les prérogatives de puissance publique sont peu nombreuses et exceptionnellement mises en œuvre : elles dérogent aux principes habituels. On dit aussi qu'elles sont des moyens « exorbitants du droit commun ». Dans leur principe, elles s'opposent aux libertés individuelles auxquelles elles portent atteinte, et aux droits fondamentaux qu'elles limitent. Il est donc indispensable qu'elles soient strictement encadrées par la loi et soumises au contrôle du juge par l'intermédiaire de recours exercés devant les juridictions compétentes.

B. Les exemples de prérogatives de puissance publique

Deux exemples illustrent le conflit entre prérogatives de puissance publique et droits fondamentaux.

1. Premier exemple : l'expropriation

a) Le droit de propriété

Le droit de propriété, héritage acquis lors de la période révolutionnaire, est l'un des quatre droits naturels et imprescriptibles avec la liberté, la sûreté et la résistance à l'oppression (article 2 de la Déclaration des droits de l'Homme et du citoyen). Son contenu est précisé par l'article 544 du code civil dont la rédaction est inchangée depuis 1804 : « *la propriété est le droit de jouir et disposer des choses de la manière la plus absolue, pourvu qu'on n'en fasse pas un usage prohibé par les lois ou par les règlements* ».

b) Les atteintes au droit de propriété

Bien que le droit de propriété soit le fondement de la société démocratique, il arrive parfois qu'en matière immobilière l'État souhaite acquérir certaines parcelles de terrain, par exemple pour la construction de lignes de transport ferré à grande vitesse. L'administration dispose donc d'un pouvoir d'expropriation qui lui permet de déposséder une personne d'un bien immobilier dont elle est propriétaire sans qu'elle ne puisse s'y opposer. Elle devra néanmoins être dédommagée de la perte subie.

L'expropriation est prévue à l'article 545 du code civil : « *nul ne peut être contraint de céder sa propriété, si ce n'est pour cause d'utilité publique et moyennant une juste et préalable indemnité* ». On voit ici apparaître la notion d'intérêt général (appelée « utilité publique ») justifiant la mise en œuvre de la prérogative de puissance publique qu'est l'expropriation.

2. Second exemple : le privilège du préalable

a) Des décisions exécutoires a priori

L'administration dispose du pouvoir exorbitant du droit commun d'imposer ses décisions à ses usagers : on dit qu'elles sont « exécutoires ». Elles sont alors immédiatement applicables, même si les administrés n'y consentent pas. On en comprend la raison : l'activité de l'administration serait systématiquement paralysée par des recours devant les tribunaux si chaque acte qu'elle établissait devait être *a priori* avalisé par un juge. Cette position prise en 1913 par le Conseil d'État (arrêt « préfet de l'Eure ») est l'un des principes fondamentaux du droit public : c'est le privilège du préalable.

b) Des décisions contrôlées a posteriori

La relation administration/usager est déséquilibrée car elle est unilatérale et basée sur un rapport de force. Cette situation peut néanmoins être contestée *a posteriori* par l'usager devant les juridictions compétentes. Et tant que ces dernières n'auront pas décidé de l'illégalité de l'acte, celui-ci devra continuer à être appliqué. L'administration bénéficie en quelque sorte d'une « présomption de conformité » au droit.

Fiche 10

L'ORDRE ADMINISTRATIF

I. LA DUALITÉ DES ORDRES DE JURIDICTION

A. Le principe de séparation

1. Un héritage révolutionnaire

La séparation des ordres de juridiction (ou « dualisme juridictionnel ») remonte à la Révolution. L'article 13 de la loi des 16-24 août 1790 relative à l'organisation judiciaire énonce que les fonctions judiciaires sont distinctes et qu'elles demeureront toujours séparées des fonctions administratives : « *les juges ne pourront, à peine de forfaiture, troubler, de quelque manière que ce soit, les opérations des corps administratifs, ni citer devant eux les administrateurs pour raison de leurs fonctions* ». Ce principe sera ultérieurement repris par une partie de l'article unique du décret du 2 septembre 1795 : « *défenses itératives sont faites aux tribunaux de connaître des actes d'administration de quelque espèce qu'ils soient* ».

2. Une spécificité française

L'existence d'un ordre administratif distinct des juridictions judiciaires est une particularité française. Dans les autres pays, soit elle n'existe pas (Grande-Bretagne, États-Unis), soit elle est considérablement atténuée (Allemagne).

B. Les conséquences du principe

En application du principe de dualisme juridictionnel, il appartient aux seules juridictions administratives de contrôler le respect des règles de droit public. Elles interviennent dans la résolution des litiges entre l'administration et ses usagers, conformément aux dispositions du code de justice administrative. Elles répondent ainsi à la double mission de contrôler l'activité administrative et de juger l'administration.

II. LA COMPOSITION DES JURIDICTIONS ADMINISTRATIVES

A. Les personnels

Les juridictions administratives sont composées de fonctionnaires principalement issus de l'École nationale d'administration (ENA). Elles sont organiquement rattachées au garde des Sceaux, ministre de la Justice.

B. Le statut des personnels

1. Des juges non magistrats

Contrairement aux juges judiciaires, les membres des juridictions administratives n'ont pas tous le statut de magistrat. En outre, aucun d'entre-eux ne porte de robe. Ils exercent néanmoins les fonctions de juge dans l'exercice de leur mission juridictionnelle contentieuse.

2. Au niveau des tribunaux administratifs et des cours administratives d'appel

Les juges des tribunaux administratifs et des cours administratives d'appel ont le statut de magistrat (article L. 231-1 du code de justice administrative). Ils sont également inamovibles, c'est-à-dire qu'ils ne peuvent être déplacés sans leur accord. Il s'agit d'une garantie prévue à l'article 1er de la loi du 6 janvier 1986 qui fixe les règles de leur indépendance : « *lorsqu'ils exercent leurs fonctions (...) dans une juridiction administrative, [les juges] ne peuvent recevoir, sans leur consentement, une affectation nouvelle, même en avancement* ».

3. Les juges du Conseil d'État

Paradoxalement, les membres du Conseil d'État ne bénéficient pas des mêmes mesures (ils ne sont pas concernés par la loi de 1986). Leur indépendance est toutefois reconnue par le Conseil constitutionnel depuis 1980 comme l'un des principes fondamentaux reconnus par les lois de la République. De manière concrète, leur gestion s'effectue en interne, sans directive du garde des Sceaux, et l'avancement est fonction de l'ancienneté.

Fiche 11

LES JURIDICTIONS DE L'ORDRE ADMINISTRATIF

I. LES TRIBUNAUX ADMINISTRATIFS

A. Le premier degré de juridiction

Les tribunaux administratifs (TA) constituent le premier degré de juridiction. Créés en 1953, ils sont aujourd'hui au nombre de 42 (31 en métropole et 11 outre-mer). Sauf cas spécifique, le recours à un avocat n'est pas obligatoire. Les tribunaux administratifs rendent des jugements susceptibles de recours devant les cours administratives d'appel.

B. Les attributions

Les tribunaux administratifs sont juges du droit commun. À ce titre, ils sont systématiquement compétents en matière de contentieux administratif, à moins qu'une disposition particulière ne désigne une autre juridiction.

II. LES COURS ADMINISTRATIVES D'APPEL

A. Le second degré de juridiction

Les cours administratives d'appel (CAA) sont les juridictions du second degré. Elles sont apparues en 1987 et constituent un échelon intermédiaire pour permettre d'alléger la charge du Conseil d'État. On compte huit cours administratives d'appel (Bordeaux, Douai, Lyon, Marseille, Nancy, Nantes, Paris et Versailles).

B. Les attributions

Les cours administratives d'appel sont saisies des recours intentés contre les jugements des tribunaux administratifs. Elles rendent des arrêts susceptibles de recours devant le Conseil d'État.

III. LE CONSEIL D'ÉTAT

Le Conseil d'État est une juridiction créée en 1799 par Napoléon. Il s'agit du dernier niveau de la justice administrative. De manière schématique, le Conseil d'État est investi d'une double mission : une fonction contentieuse et une fonction consultative.

A. La fonction contentieuse

Dans sa fonction contentieuse (ou juridictionnelle), le Conseil d'État est saisi des recours intentés contre les arrêts des cours administratives d'appel : il joue alors le rôle de juge de cassation. Mais il lui arrive aussi de connaître des litiges en appel (contentieux des élections municipales et cantonales) ou même, parfois, en premier et dernier ressort (recours contre les ordonnances du président de la République ou contentieux des élections régionales ou européennes). Le ministère d'un avocat est obligatoire devant le Conseil d'État. Les avocats au Conseil d'État et à la Cour de cassation (appelés « avocats aux conseils ») sont seuls habilités à représenter les parties devant ces deux juridictions.

La fonction juridictionnelle est assurée par la section du contentieux du Conseil d'État.

B. La fonction consultative

Dans sa fonction consultative, le Conseil d'État est le conseiller du gouvernement. Sa consultation est obligatoire pour les projets de loi, d'ordonnance et de décret. Sa consultation est facultative pour les propositions de loi. Il peut aussi être saisi de toute autre question d'ordre juridique susceptible d'engendrer des conséquences importantes en application de l'article L. 112-2 du code de justice administrative : « *le Conseil d'État peut être consulté par le Premier ministre ou les ministres sur les difficultés qui s'élèvent en matière administrative* ».

Cela a par exemple été le cas en 2012 pour la limite d'âge des dirigeants des établissements publics de l'État ou, en 2014, pour les conditions d'usage de la cigarette électronique.

La fonction consultative est assurée par l'une des sections spécialisées du Conseil d'État (section sociale, de l'intérieur, des travaux publics, de l'administration, des finances).

Fiche 12

LES PRINCIPAUX DOMAINES DU DROIT PUBLIC

I. LE DROIT CONSTITUTIONNEL

A. L'objet du droit constitutionnel

1. Définition

Le droit constitutionnel regroupe les règles relatives à l'organisation et au fonctionnement des institutions (président de la République, gouvernement, Parlement...). En France, le droit constitutionnel garantit le respect de la séparation des pouvoirs, de l'état de droit, de la souveraineté nationale et des libertés fondamentales.

2. Fondement

Le droit constitutionnel actuel se base sur la Constitution du 4 octobre 1958 à l'origine de la création de la Ve République. Il s'appuie également sur l'ensemble des décisions du Conseil constitutionnel, qu'il s'agisse du contrôle de constitutionnalité des lois ou des questions prioritaires de constitutionnalité.

3. Droit constitutionnel et sciences politiques

Il existe une différence importante entre le droit constitutionnel et les sciences politiques : il s'agit de l'objet sur lequel ils portent. Le droit constitutionnel est l'ensemble des règles codifiées applicables aux institutions ; les sciences politiques analysent leurs processus de fonctionnement. En somme, le droit constitutionnel est le droit de l'État tandis que les sciences politiques sont l'analyse du pouvoir.

B. Le Conseil constitutionnel

1. Missions et modes de saisine

Il appartient au Conseil constitutionnel de vérifier la conformité des lois à la Constitution lorsqu'il est saisi de manière obligatoire (lois organiques et règlements des assemblées parlementaires) ou facultative (lois ordinaires). Jusqu'en 1974, seuls le président de la République, le Premier ministre, le président de l'Assemblée nationale et le président du Sénat pouvaient déférer devant le Conseil constitutionnel une loi définitivement adoptée par le Parlement avant sa promulgation. La réforme a élargi la saisine à 60 députés ou 60 sénateurs. Mais celle-ci n'est toujours pas ouverte aux citoyens en matière de contrôle de constitutionnalité des lois.

2. Les questions prioritaires de constitutionnalité

a) Principe

Depuis la révision constitutionnelle du 23 juillet 2008, le Conseil constitutionnel examine également les requêtes de personnes qui, au cours d'une instance, estiment qu'une disposition d'une loi en vigueur porte atteinte aux droits et libertés que la Constitution garantit. Il s'agit des questions prioritaires de constitutionnalité (QPC).

b) Portée

Les QPC peuvent éventuellement conduire à l'abrogation de la disposition contestée, si le Conseil constitutionnel estime qu'elle est contraire à la Constitution. Pour éviter un nombre excessif de demandes, elles ne peuvent lui être transmises que par le Conseil d'État ou la Cour de cassation. Entre le 1er mars 2010 (date d'entrée en vigueur des QPC) et le mois d'avril 2015, le Conseil constitutionnel a examiné 465 QPC (207 questions provenant du Conseil d'État et 258 de la Cour de cassation).

II. LE DROIT ADMINISTRATIF

A. L'objet du droit administratif

Le droit administratif régit le fonctionnement de l'administration ainsi que les relations qu'elle entretient soit avec ses usagers, soit avec d'autres personnes morales de droit public. Contrairement aux autres droits, le droit administratif est essentiellement de nature jurisprudentielle. Cela signifie que ce sont les juridictions administratives (tribunaux administratifs, cours administratives d'appel, Conseil d'État) qui l'élaborent progressivement, en fonction des situations rencontrées.

B. L'autonomie du droit administratif

1) La loi des 16-24 août 1790

Le droit administratif est un droit autonome et distinct des autres droits, en particulier des règles appliquées par les juridictions civiles et pénales. Cette autonomie est ancienne et remonte à la loi des 16-24 août 1790 sur l'organisation judiciaire dont l'article 13 dispose que « *les fonctions judiciaires sont distinctes et demeureront toujours séparées des fonctions administratives* ».

2) L'arrêt Blanco

a) Contenu de la décision

Presque un siècle plus tard (1873), le tribunal des conflits consacrera explicitement l'autonomie du droit administratif dans le célèbre arrêt Blanco. Il précisera à cette occasion que « *la responsabilité qui peut incomber à l'État, pour les dommages causés aux particuliers par le fait des personnes qu'il emploie dans le service public ne peut être régie par les principes qui sont établis dans le Code civil, pour les rapports de particulier à particulier* ».

b) Portée de la décision

Cette décision est fondamentale: elle reconnaît la spécificité des règles applicables aux services publics et en tire comme conséquence le fait que les juridictions judiciaires ne peuvent pas être compétentes pour connaître des litiges en résultant. Elle définit donc indirectement la compétence des juridictions administratives.

III. LE DROIT FISCAL

A. L'objet du droit fiscal

Le droit fiscal réglemente la fiscalité des personnes physiques (impôt sur le revenu) et morales (impôt sur les sociétés), la TVA, les transactions immobilières (achat ou vente d'un bien immeuble) et la transmission du patrimoine (legs, donation, héritage).

Les règles applicables sont rassemblées dans le code général des impôts (CGI) et le livre des procédures fiscales (LPF). L'ensemble forme un référentiel complexe (plus de 3 500 articles au contenu technique) complété de près de 40 000 pages de circulaires et autres instructions d'application.

B. L'instabilité de la norme fiscale

Le droit fiscal est un droit fluctuant. On estime qu'environ 20 % des dispositions du CGI évoluent chaque année, en fonction des dispositions des lois de finances. C'est ce qui en fait toute la difficulté autant pour les fonctionnaires chargés de l'appliquer que pour les agents économiques qui y sont assujettis. Il est en effet difficile pour les entreprises d'anticiper leur niveau d'activité sans précisément connaître à l'avance les sommes qu'elles devront acquitter au titre de l'impôt. Au-delà de l'insécurité juridique qui résulte de cette instabilité, c'est toute leur stratégie de développement (basée notamment sur la décision d'investir ou de recruter) qui est fragilisée.

IV. LE DROIT DE LA SÉCURITÉ SOCIALE

A. L'objet du droit de la Sécurité sociale

1. Définition

Les règles d'organisation de la protection sociale ainsi que les droits et obligations des assurés sociaux constituent le droit de la Sécurité sociale.

La protection sociale se définit comme l'ensemble des mesures destinées à remédier aux risques sociaux pesant sur les individus. Cette notion figure dans le préambule de la Constitution du 27 octobre 1946, lui-même repris par la Constitution du 4 octobre 1958: il s'agit donc d'un droit constitutionnellement garanti.

2. Le code de la Sécurité sociale

Le code de la Sécurité sociale regroupe l'ensemble des dispositions applicables. Il se compose d'une partie législative et de plusieurs parties réglementaires (décrets en Conseil d'État, décrets simples, arrêtés). Ce référentiel volumineux et complexe régit notamment :

- les dispositions communes aux différents régimes de base ;
- l'organisation du régime général ;
- les accidents du travail et les maladies professionnelles ;
- les prestations familiales ;
- les allocations aux personnes âgées et aux adultes handicapées...

B. L'organisation de la Sécurité sociale

1. Les quatre branches

La Sécurité sociale est structurée en quatre branches :

- la branche maladie (maladie, maternité, invalidité, décès) ;
- la branche famille (prestations familiales, handicap, logement) ;
- la branche accidents du travail et maladies professionnelles ;
- la branche retraite (vieillesse, veuvage).

2. Les différents régimes

La branche maladie comprend trois régimes principaux dont le régime général qui couvre près de 80 % des assurés et finance environ 75 % des dépenses de santé. Il existe également le régime agricole géré par la Mutuelle sociale agricole et le régime spécial des indépendants (RSI) qui couvre les artisans, les industriels, les commerçants et les professions libérales.

Enfin, il existe parallèlement d'autres régimes dits « spéciaux » au profit de catégories particulières d'assurés (régime des marins, régime des Français à l'étranger, régime des étudiants, régime spécifique des assemblées parlementaires...).

Fiche 13

LES PRINCIPES DU DROIT PRIVÉ

I. LE DROIT PRIVÉ ET LES INTÉRÊTS PARTICULIERS

A. L'objet du droit privé

Le droit privé réglemente les relations entre personnes privées, qu'elles soient physiques (individus) ou morales (entreprises, associations...). Les intérêts particuliers sont au droit privé ce que l'intérêt général est au droit public. Le droit privé cherche avant tout la satisfaction d'un besoin personnel et individuel.

B. Les origines du droit privé

Les origines du droit privé sont anciennes et remontent au droit romain. À l'époque, droit privé et droit civil étaient confondus dans un ensemble de règles intitulé « droit des citoyens » ou *jus civile*. Le droit privé a par la suite rapidement évolué et des branches spécialisées y sont apparues (droit civil, droit des affaires, droit du travail, droit de la propriété industrielle...).

II. LES CARACTÉRISTIQUES DU DROIT PRIVÉ

A. Le droit civil est un droit supplétif

1. Définition

Contrairement au droit public qui est impératif, le droit privé est un droit supplétif: ses règles peuvent ne pas être appliquées si telle est la volonté des parties. La seule exigence est que cette dérogation soit formalisée par une clause dans une convention.

2. Exemples

a) Dans le domaine matrimonial

À défaut de contrat passé devant notaire en vue d'un mariage sous le régime de la séparation de biens, le code civil prévoit que les époux seront automatiquement unis selon les règles de la communauté légale (communauté réduite aux acquêts).

b) Dans le domaine successoral

De la même manière, en cas de décès, si aucun testament n'a été rédigé, les règles de succession légale (dite *ab intestat*) s'appliqueront: les héritiers seront appelés à hériter selon un ordre déterminé et leur degré de parenté par rapport au défunt.

B. Le droit civil est fondé sur le principe d'autonomie de la volonté

1. Le principe d'autonomie de la volonté

Le caractère supplétif du droit privé est la conséquence du principe de l'autonomie de la volonté. Il s'agit d'une règle fondamentale selon laquelle la volonté individuelle est seule susceptible de créer des droits et des obligations.

L'idée que l'on doit retenir est que le consentement individuel est la base des relations entre personnes privées (physiques ou morales), notamment en matière contractuelle. Au nom de l'autonomie de la volonté, les parties demeurent libres de contracter ou non, de choisir le contractant et de choisir des clauses devant être appliquées.

2. Les limites de l'autonomie de la volonté

Avec un certain recul, la force rattachée à l'autonomie de la volonté paraît pour le moins excessive pour deux raisons.

a) L'origine des règles

Les règles de droit qui obligent les parties sont généralement créées par voie législative ou réglementaire. Elles s'appliquent donc de manière autoritaire. Les justiciables ne peuvent aucunement en définir le contenu ni les modalités de mise en œuvre. L'ordre juridique établi s'impose à eux unilatéralement.

b) Les normes impératives

L'autonomie de la volonté est également inopérante face aux lois impératives qui intéressent l'ordre public et les bonnes mœurs (article 6 du code civil). Sur ce point, non seulement les parties ne peuvent pas convenir des règles, mais elles sont en outre tenues de les appliquer.

Fiche 14

L'ORDRE JUDICIAIRE

I. LA PRÉSENTATION DU JUGE JUDICIAIRE

A. Le statut du juge judiciaire

1. Terminologie

Le juge judiciaire n'est pas un « pouvoir » comme le président de la République et le gouvernement (pouvoir exécutif) ou le Parlement (pouvoir législatif). L'article 66 de la Constitution l'érige en « *autorité* ».

2. Justification

Cette qualification ne doit rien au hasard. Elle s'explique par le fait que si les magistrats rendent la justice « *au nom du peuple français* », ils n'en sont pas les représentants, contrairement au président de la République ou au Parlement, élus par la nation.

B. Le périmètre d'intervention du juge judiciaire

L'autorité judiciaire est la gardienne des libertés individuelles. Les juridictions et les personnels qui la composent sont chargés de l'application des lois et du règlement des conflits. Elle est donc le vecteur privilégié du droit privé.

II. LA COMPOSITION DES JURIDICTIONS JUDICIAIRES

A. Les personnels

Les juridictions de l'ordre judiciaire agissent à la fois en matière civile et pénale. Elles sont composées de fonctionnaires issus de l'École nationale de la magistrature (ENM). Créée en 1958 sous le nom de « Centre national d'études judiciaires », l'ENM assure la formation générale des lauréats admis par concours (auditeurs de justice) ainsi que la formation continue des magistrats en activité. Elle est située à Bordeaux.

B. Le statut des personnels

1. Des juges magistrats

Les fonctionnaires de l'ordre judiciaire ont le statut de magistrat prévu par l'ordonnance du 22 décembre 1958. Ils portent la robe et prêtent serment lors de leur installation : « *je jure de bien et fidèlement remplir mes fonctions, de garder religieusement le secret des délibérations et de me conduire en tout comme un digne et loyal magistrat* ».

2. Des magistrats non juges

Si la plupart des magistrats sont des juges dans l'exercice de leurs fonctions, certains ne le sont pas systématiquement. C'est le cas des représentants du ministère public (procureurs appartenant au parquet) qui prononcent des réquisitoires au cours des audiences. En somme, dans l'ordre judiciaire, tout juge est magistrat alors que tout magistrat n'est pas forcément juge.

Fiche 15

LES JURIDICTIONS DE L'ORDRE JUDICIAIRE

I. LES JURIDICTIONS CIVILES

A. Les juridictions du premier degré

Dans le domaine civil, les juridictions de premier degré sont les tribunaux de grande instance, les tribunaux d'instance, les tribunaux de commerce et les conseils de prud'hommes. La nature du litige et des seuils financiers désignent la juridiction compétente. Ainsi, le conseil de prud'hommes sera saisi en cas de contentieux relatif à un licenciement. De la même façon, pour un litige variant de 4 000 euros à 10 000 euros, c'est le tribunal d'instance qui sera compétent; au-delà, il s'agira du tribunal de grande instance.

B. Les cours d'appel

Les cours d'appel constituent le second degré de juridiction. Elles statuent sur les jugements rendus par les juridictions du premier degré. Les 36 cours d'appel du territoire français sont chacune compétentes sur plusieurs départements. Elles rendent des arrêts pouvant faire l'objet d'un recours (pourvoi) devant la Cour de cassation.

II. LES JURIDICTIONS PÉNALES

A. Les juridictions du premier degré

Dans le domaine pénal, la compétence des juridictions du premier degré dépend de la nature des infractions réparties en trois catégories selon un ordre croissant de gravité:

- les contraventions, réparties en cinq classes et punies de peines d'amende prononcées par les tribunaux de police;
- les délits qui sont réprimés par une peine d'emprisonnement de 10 ans au plus (éventuellement assortie d'une amende), décidée par les tribunaux correctionnels;
- les crimes, qui font encourir une peine d'emprisonnement comprise entre au moins 10 années et la réclusion criminelle à perpétuité et jugés par les cours d'assises.

B. Les juridictions du second degré

Pour les contraventions et les délits, les recours contre les jugements des tribunaux de police et des tribunaux correctionnels sont intentés devant les cours d'appel. Concernant les crimes, les arrêts des cours d'assises peuvent, depuis le 1er janvier 2001, faire l'objet d'appel devant une autre cour d'assises : on parle alors de « cour d'assises d'appel ».

Les arrêts rendus par les cours d'appel statuant en matière pénale et les cours d'assises d'appel peuvent faire l'objet d'un recours devant la Cour de cassation.

III. LA COUR DE CASSATION

A. L'organisation de la Cour de cassation

Née en 1804, la Cour de cassation est la plus haute juridiction de l'ordre judiciaire. Elle est composée de six chambres : une chambre criminelle et cinq chambres civiles spécialisées (chambre sociale, chambre commerciale...). Le choix de la chambre dépend de la nature du litige à l'origine du recours. Ainsi, un pourvoi intenté contre l'arrêt d'une cour d'assises d'appel sera jugé par la chambre criminelle.

B. Le fonctionnement de la Cour de cassation

1. Juger le droit

Conformément à l'article 604 du code de procédure civile, « *le pourvoi en cassation tend à faire censurer par la Cour de cassation la non-conformité du jugement qu'il attaque aux règles de droit* ». Le rôle de la Cour de cassation n'est donc pas de rejuger l'affaire sur le fond, ce que deux juridictions (du premier et du second degré) ont préalablement fait. La Cour de cassation est juge du droit et non du fait. Elle doit uniquement vérifier que les juges d'appel ont correctement interprété la loi et qu'ils en ont tiré toutes les conséquences juridiques dans son application.

2. Rejeter le pourvoi ou casser l'arrêt

Si elle constate la bonne application de la règle de droit, la Cour de cassation rejettera le pourvoi. L'affaire est alors définitivement terminée. Plus aucun recours n'est possible.

Dans le cas contraire, la cour cassera et annulera l'arrêt, replaçant les parties dans l'état où elles se trouvaient avant que celui-ci ne soit cassé. Elle renverra ensuite l'affaire devant une autre juridiction (cour d'appel ou cour d'assises d'appel) afin que d'autres magistrats, extérieurs aux faits, puissent réexaminer ces derniers de manière objective.

C. Les motifs de cassation

Les raisons de cassation d'un arrêt sont multiples. Soit les juges d'appel ont insuffisamment ou mal motivé leur décision et la cassation sera encourue pour défaut de motivation ou contradiction dans la motivation. Soit ils n'auront pas correctement interprété ou appliqué le droit : l'arrêt sera alors cassé pour défaut de base légale ou pour violation de la loi (cas le plus grave).

Fiche 16

LES PRINCIPAUX DOMAINES DU DROIT PRIVÉ

I. LE DROIT CIVIL

A. L'objet du droit civil

1. Une composante essentielle du droit privé

Le droit civil français est issu des travaux de codification de 1804 dont l'objectif a été de regrouper et de rendre cohérent un ensemble de règles régionales, spécifiques et coutumières. L'idée était d'unifier les principes applicables pour sécuriser les relations entre individus.

Le droit civil est une composante essentielle du droit privé. Il s'agit d'un socle fondamental à l'origine de la création de nombreuses branches de droit devenues par la suite plus ou moins autonomes (droit des assurances, droit de la consommation...).

2. Un champ d'application très étendu

Le code civil a un domaine d'application très large. Ses dispositions concernent :

- le droit des biens, base des droits réels, c'est-à-dire portant sur des choses ;
- le droit des personnes (capacité et personnalité juridiques) ;
- le droit des obligations (règles de formation, d'exécution et d'extinction des contrats) ;
- le droit de la famille, matière qui a le plus évolué depuis la rédaction du code civil, et qui régit les relations entre individus unis par un lien de parenté (filiation, adoption) ou d'alliance (mariage, pacte civil de solidarité – Pacs –, divorce) ;
- le droit des successions relatif à la transmission du patrimoine (héritage) ;
- le droit des sûretés pour les garanties accordées aux créanciers en vue du paiement de leurs créances (cautionnement, gage, hypothèque).

B. L'adaptation du droit civil

1. Les évolutions sociales

Le droit civil est sans doute l'une des disciplines ayant fait l'objet du plus grand nombre de transformations depuis 1804. Cette situation s'explique par les évolutions de la société qui ont conduit à adapter les règles en vigueur dans plusieurs domaines comme :

- le rétablissement du divorce (1884);
- la reconnaissance judiciaire de la paternité naturelle (1912);
- la suppression de l'incapacité juridique de la femme mariée (1938);
- la réforme des régimes matrimoniaux (1965) et de l'adoption (1966 et 2005);
- l'égalité des enfants naturels (conçus hors mariage) et légitimes (1972);
- la majorité à 18 ans (1974);
- la bioéthique (1994 puis 2004);
- le pacte civil de solidarité (1999);
- la preuve électronique (2000);
- la protection juridique des majeurs (2007);
- le mariage pour les couples de personnes de même sexe (2013).

2. L'harmonisation européenne

Dans la perspective d'une harmonisation des règles applicables au plan européen, le Gouvernement a décidé en 2014 de conduire une importante réforme du droit des obligations. Celle-ci s'est concrétisée par l'ordonnance du 10 février 2016 qui modifie de nombreuses dispositions du code civil en matière de droit des contrats et notamment:

- leurs conditions de validité;
- leur contenu;
- leur force obligatoire;
- leurs modalités d'exécution;
- leurs modes de preuve.

II. LE DROIT DES AFFAIRES

A. L'objet du droit des affaires

Le droit des affaires (anciennement «droit commercial») réglemente l'activité des sociétés commerciales. C'est un droit complexe qui comprend plusieurs domaines spécifiques: le droit des sociétés (création et fonctionnement des entreprises), le droit de la concurrence, le droit des procédures collectives pour les entreprises en difficulté (redressement et liquidation judiciaires) et le droit de la propriété intellectuelle (marques et brevet).

B. Le référentiel du droit des affaires

1. La liberté d'entreprendre

a) Principe

Le fondement du droit des affaires est la liberté d'entreprendre qui découle implicitement de l'article 4 de la Déclaration des droits de l'Homme et du citoyen de 1789: « *la liberté consiste à pouvoir faire tout ce qui ne nuit pas à autrui: ainsi, l'exercice des droits naturels de chaque homme n'a de bornes que celles qui assurent aux autres membres de la société la jouissance de ces mêmes droits* ».

b) Portée légale

L'article 34 de la Constitution prévoit que les « obligations commerciales » relèvent du domaine de la loi: il en résulte que le droit des affaires est de la compétence du législateur. Il est par ailleurs complété par d'autres textes de nature réglementaire (décrets et arrêtés).

2. Le code de commerce

Si le premier code de commerce a été publié 1807, un grand nombre de textes a continué de coexister parallèlement, ce qui a rendu l'application des règles complexe. Le regroupement de celles-ci sous la forme d'une codification à droit constant est intervenu par ordonnance (18 septembre 2000). La loi relative aux nouvelles régulations économiques (15 mai 2001) a aussi apporté d'importantes modifications au code.

3. L'internationalisation du droit des affaires

Le droit des affaires actuel connaît une internationalisation progressive qui s'explique par la signature de plusieurs traités internationaux (*General Agreement on Tariffs and Trade* – GATT, Organisation mondiale du commerce – OMC) par la France. Le fréquent recours à l'arbitrage international et la dimension européenne du droit de la concurrence en sont également à l'origine.

III. LE DROIT DU TRAVAIL

A. L'objet du droit du travail

1. Le périmètre couvert

Le droit du travail réglemente la relation entre un salarié et son employeur tout au long du déroulement du contrat de travail, depuis sa naissance jusqu'à sa rupture. Le droit du travail garantit le libre exercice des droits syndicaux, le respect des règles de santé et des normes de sécurité des conditions de travail, ainsi que la protection des travailleurs vulnérables (harcèlement, handicap...).

2. Le référentiel applicable

Ces dispositions sont rassemblées dans le code du travail dont une importante réforme est aujourd'hui à l'étude; elle devrait s'achever en 2018. Son principal objectif est de simplifier des règles devenues complexes, de rendre lisible la réglementation applicable et de renforcer la place de la négociation collective.

3. Les juridictions compétentes

Les conseils de prud'hommes sont les juridictions de droit commun ayant à connaître en première instance des litiges naissant de l'exécution du contrat de travail. La juridiction compétente territorialement est celle où est exercée l'activité professionnelle.

B. La notion de contrat de travail

1. Une absence de définition formelle

Curieusement, le code du travail (pourtant très étoffé) ne donne aucune définition du contrat de travail. Toutefois, son article L. 1221-1 indique qu'il est « *soumis aux règles du droit commun* », ce qui signifie qu'il doit suivre les règles du droit des obligations. Ainsi, en application des dispositions de l'article 1101 du code civil, le contrat de travail est une « *convention par laquelle une ou plusieurs personnes s'obligent, envers une ou plusieurs autres, à donner, à faire ou à ne pas faire quelque chose* ».

2. La définition jurisprudentielle

La jurisprudence a contribué à préciser la notion de contrat de travail qui est désormais bien cernée.

En pratique, un contrat existe dès lors qu'une personne physique accepte de travailler pour le compte d'une personne physique ou morale en mettant à sa disposition ses compétences et moyennant une rémunération. Cette définition permet d'identifier trois conditions cumulatives établissant l'existence du contrat de travail :

- un lien de subordination vis-à-vis de l'employeur ;
- la réalisation d'une prestation ;
- le versement d'une contrepartie pécuniaire.

Le contrat de travail est établi selon des formes libres que les parties contractantes choisissent d'adopter. Sa durée indéterminée (CDI) est la règle ; le contrat à durée déterminée (CDD) est l'exception.

IV. LE DROIT DE LA PROPRIÉTÉ INTELLECTUELLE

A. L'objet du droit de la propriété intellectuelle

1. Généralités

La propriété intellectuelle désigne les œuvres de l'esprit au sens large. Cette expression comprend les productions littéraires, les œuvres artistiques, les inventions et les marques, les brevets, noms et logos utilisés dans les relations commerciales.

2. Un double périmètre

Le droit de la propriété intellectuelle comprend deux branches. La première recouvre le droit de la propriété industrielle (marques et brevets). La seconde branche est le droit de la propriété littéraire et artistique qui porte essentiellement sur le droit d'auteur (en anglais le *copyright*).

B. L'évolution du droit de la propriété intellectuelle

Le droit de la propriété intellectuelle a évolué rapidement devant faire face à de nouveaux enjeux comme la lutte contre le plagiat, le piratage d'œuvres et la contrefaçon. Dans ce contexte, le code de la propriété intellectuelle (apparu en 1992) a récemment fait l'objet de modifications pour prendre en compte ces éléments :

- la loi du 11 mars 2014 a renforcé la lutte contre la contrefaçon ;
- l'ordonnance du 12 novembre 2014 a réformé les contrats d'édition en élargissant leur champ aux œuvres numériques.

Fiche 17

LES DROITS MIXTES

I. LES CARACTÉRISTIQUES DES DROITS MIXTES

A. Une combinaison de règles

Les droits mixtes (également appelés « droits transversaux ») ne relèvent ni du droit public, ni du droit privé car ils sont composés de principes issus de l'un et de l'autre. Il s'agit d'une combinaison de règles qui concerne les rapports entre personnes privées mais également les actions conduites dans l'intérêt général.

B. Une application autoritaire des règles

L'application des droits mixtes est le plus souvent unilatérale. Elle ne repose pas sur la bonne volonté des individus et l'on ne peut y déroger. Elle s'impose donc sur les justiciables, en application des prérogatives de puissance publique détenues par l'administration.

II. LE CHAMP D'APPLICATION DES DROITS MIXTES

On peut citer trois exemples de droits mixtes.

A. Le droit pénal

1. Présentation

a) Définition des infractions

L'objectif du droit pénal est de réprimer les infractions commises par des personnes physiques ou morales. Selon le juriste italien Francesco Carrara (1805-1888), l'infraction est « *une violation d'une loi de l'État, résultant d'un acte externe de l'homme, positif ou négatif, socialement imputable, ne se justifiant pas par l'accomplissement d'un devoir ou l'exercice d'un droit, et qui est frappé d'une peine prévue par la loi* ».

b) Classification des infractions

En France, les infractions se divisent en trois catégories de gravité croissante :

- les contraventions, réprimées par le juge de proximité ou le tribunal de police (violences légères, dégradation volontaire d'un bien, défaut de permis de chasse...) ;
- les délits, réprimés par le tribunal correctionnel (escroquerie, harcèlement moral, fraude fiscale) ;
- les crimes, réprimés par la cour d'assises (faux monnayage, meurtre, viol...).

c) La légalité des délits et des peines

Selon l'article 34 de la Constitution, la définition des délits et des crimes ainsi que les peines qui leur sont applicables relève exclusivement du domaine de la loi. En d'autres termes, seule une loi peut créer un nouveau délit (ou un nouveau crime) et il n'y a qu'elle qui soit en mesure d'y associer une sanction. Ce principe fondamental du droit pénal connu sous le terme de « principe de légalité » est ancien. Il a été posé dès 1764 par Cesare Beccaria, juriste italien rattaché au courant des Lumières. Dans son ouvrage *Dei delitti e delle pene* (*Des délits et des peines*), il énonce : « *nullum crimen nulla poena sine lege* » (« pas de crime, pas de punition sans loi »).

2. Justification de son caractère mixte

Le droit pénal concerne les rapports entre personnes : il protège les particuliers, défend leurs intérêts et répare les préjudices, d'où son rapprochement du droit privé. Mais le principe de légalité l'intègre au droit public par le caractère général, impersonnel et obligatoire des lois pénales auxquelles on ne peut déroger, et qui s'imposent à tous les citoyens de manière autoritaire sur l'ensemble du territoire. En outre, les sanctions prononcées sont exécutées par l'État, ce qui renforce le rattachement du droit pénal au droit public.

B. Le droit processuel

1. Présentation

Le droit processuel définit les règles à suivre lors d'une action en justice, que celle-ci soit introduite devant les juridictions administratives ou judiciaires (civiles et pénales). Le droit processuel est donc le droit des procédures du procès. On le retrouve parfois sous la qualification de « droit procédural ».

2. Justification de son caractère mixte

Parce qu'il régit l'instance entre deux parties dont l'objectif est de satisfaire un intérêt particulier, le droit processuel se rapproche du droit privé. En revanche, comme il définit des règles de procédures obligatoirement applicables par les juridictions, il a toutes les caractéristiques du droit public.

C. Le droit des transports

1. Présentation

Ce droit concerne les prestations de transports de personnes ou de marchandises par voie terrestre, maritime ou aérienne. Il s'applique aux transporteurs ainsi qu'à leurs clients. Ses règles diffèrent selon :

- la nature du transport (personnes ou marchandises) ;
- l'itinéraire parcouru (transport national ou international) ;
- le mode de transport utilisé.

2. Justification de son caractère mixte

Le droit des transports régit les relations entre une personne physique ou morale qui utilise un moyen de transport dans le cadre d'un contrat : cela rapproche donc cette discipline du droit privé.

En revanche, la réglementation applicable dans l'exécution du contrat de transport émane de sources multiples :

- des sources nationales législatives et réglementaires, contenues dans le code des transports entré en vigueur en France le 1er décembre 2010 ;
- des règles internationales comme la convention de Varsovie pour le transport aérien ou la convention de Berne pour les transports ferroviaires.

L'existence de cet ensemble de règles unilatéralement applicables conduit en conséquence à rattacher le droit des transports au droit public.

Fiche 18

LE DROIT INTERNE

I. LE CADRE DU POUVOIR NORMATIF

Le pouvoir normatif (qui permet d'édicter des normes) s'exerce au sein d'un ordre juridique soumis à des règles spécifiques.

A. La notion d'ordre juridique

Le droit interne (ou droit « national ») est le droit produit par un État et auquel celui-ci est assujetti. Il s'oppose au droit international.

Le droit interne constitue l'ordre juridique interne, aussi appelé « ordonnancement juridique » ou « système juridique ». Il s'applique sur le territoire de l'État et est produit par des institutions compétentes pour éditer des règles de droit, c'est-à-dire investies du pouvoir normatif.

B. Les règles de l'ordre juridique

L'ordre juridique est composé de très nombreuses règles qui doivent s'adapter aux évolutions de la société. Dans un souci de sécurité juridique, trois principes s'appliquent :

- une nouvelle règle doit être conforme aux règles antérieures de rang supérieur ;
- une nouvelle règle peut modifier les règles antérieures de même rang ;
- une nouvelle règle entraîne la disparition (abrogation) des règles de rang inférieur qui lui sont contraires.

II. LE PARTAGE DU POUVOIR NORMATIF

A. L'État

Au niveau central, le pouvoir normatif est partagé entre :

- le pouvoir exécutif (président de la République et gouvernement) qui détient des prérogatives en matière réglementaire (élaboration de décrets ou d'arrêtés) ;
- le pouvoir législatif (Assemblée nationale et Sénat) investi de la préparation, de la discussion et du vote des lois.

B. Les collectivités territoriales

Depuis la révision constitutionnelle du 28 mars 2003, la Constitution reconnaît aux collectivités territoriales un pouvoir normatif local. « *Dans les conditions prévues par la loi, ces collectivités s'administrent librement par des conseils élus et disposent d'un pouvoir réglementaire pour l'exercice de leurs compétences* » (article 72). Ce pouvoir réglementaire s'exerce sous deux conditions cumulatives :

- conformément à la loi (c'est le principe de légalité) ;
- pour le seul exercice de leurs compétences (il est donc strictement réduit à ce périmètre).

LES NORMES CONSTITUTIONNELLES

I. LA NOTION DE CONSTITUTION

A. Une norme absolue

Il s'agit de la norme la plus importante, dont toutes les autres sont issues et à laquelle elles doivent impérativement se conformer. Une constitution est une loi fondamentale qui organise la séparation des pouvoirs, répartit les compétences entre les différentes institutions et définit les libertés et les droits fondamentaux.

B. Une norme politique

Une constitution est un acte politique qui formalise le partage du pouvoir. C'est la raison pour laquelle il n'en existait pas en France sous l'Ancien Régime puisque le pouvoir était centralisé et représenté par le roi. En revanche, à partir de la Révolution française, plusieurs constitutions se sont succédées.

II. LES FORMES DE CONSTITUTIONS

Il existe deux grands types de constitutions : les constitutions formelles et les constitutions matérielles.

A. Les constitutions formelles

Une constitution formelle est un texte intitulé « Constitution », placé au plus haut niveau de l'édifice des règles de droit, et dont l'élaboration et les modifications (appelées « révisions ») sont régies par des règles précisément définies. C'est le cas de la France. On retrouve également des constitutions formelles en Allemagne (Loi fondamentale du 23 mai 1949) et aux États-Unis (Constitution du 17 septembre 1787, à laquelle s'ajoutent les 27 amendements adoptés ultérieurement).

B. Les constitutions matérielles

Une constitution matérielle n'est pas forcément un texte unique, ni historiquement daté. Il peut s'agir d'un ensemble de références d'époques plus ou moins proches mais pouvant être nombreuses. Une constitution matérielle n'est pas non plus toujours écrite : elle a parfois une origine coutumière, non codifiée. En revanche, ce qui détermine réellement son existence, c'est son contenu qui doit obligatoirement définir les règles d'attribution du pouvoir, les principes de fonctionnement et le rôle respectif des institutions. Le cas de la Grande-Bretagne est un bon exemple de constitution matérielle dont l'une des premières composantes remonte au Moyen Âge (Grande Charte en 1215). S'y ajoutent la Déclaration des droits en 1689 (*Bill of Rights*), l'Acte d'établissement en 1701 (*Act of Settlement*), l'Acte du Parlement de 1911 (*Parliament Act*), ainsi que d'autres textes plus récents.

III. LE CHANGEMENT DE CONSTITUTION

Le passage d'une ancienne à une nouvelle Constitution entraîne un changement de régime politique. À titre d'exemples :

- la Constitution du 3 septembre 1791 met fin à la monarchie absolue et institue une monarchie constitutionnelle ;
- la Constitution du 18 mai 1804 institue un empire héréditaire (sans abroger la République) ;
- la Constitution du 27 octobre 1946 abroge la IIIe République et marque la naissance de la IVe République.

Fiche 20

LES NORMES INFRA-CONSTITUTIONNELLES

I. LES LOIS ET LES DÉCRETS

A. Les lois

Les lois ont un rang inférieur à la Constitution. Elles doivent donc lui être conformes, ce que le Conseil constitutionnel, à l'occasion du contrôle de constitutionnalité qu'il effectue, est chargé de vérifier. Il en existe de nombreuses catégories (lois organiques, lois référendaires, lois d'habilitation, lois de programmation, lois de finances...) qui seront analysées ultérieurement.

B. Les décrets

Les décrets ont une valeur inférieure à celle des lois. Ils émanent exclusivement du pouvoir réglementaire (président de la République et gouvernement). Exécutoires, c'est-à-dire immédiatement applicables après publication, ils ont soit une portée collective (décret à portée générale), soit un objet plus spécifique, comme la nomination d'un haut fonctionnaire en Conseil des ministres (décret à portée individuelle). D'autres décrets précisent de manière concrète les lois et conditionnent leur mise en œuvre concrète : ils sont alors appelés « décrets d'application ».

II. LES ARRÊTÉS ET LES CIRCULAIRES

A. Les arrêtés

Les arrêtés ont une valeur inférieure à celle des décrets. Il s'agit d'actes administratifs unilatéraux pris par le président de la République ou le Premier ministre, les ministres (arrêtés ministériels), les préfets (arrêtés préfectoraux) et les maires (arrêtés municipaux). Certains arrêtés qui portent sur plusieurs ministères sont signés par les ministres concernés : ils sont appelés « arrêtés interministériels ».

Comme les décrets, les arrêtés peuvent avoir une portée générale (liste des substances classées comme stupéfiants, nombre de places offertes à un concours...) ou individuelle (nomination dans un cabinet ministériel, admission à la retraite d'un fonctionnaire...). Ils doivent également être publiés au *Journal officiel*.

B. Les circulaires

1. Définition

Les circulaires émanent d'une autorité administrative (ministre, préfet, directeur d'administration centrale). Elles précisent une question de droit ou une procédure à suivre. Leur objectif est d'informer les agents de l'administration concernée, qu'il s'agisse du niveau central ou des services déconcentrés. Les circulaires sont le plus souvent élaborées à la suite de la parution d'un texte (loi, décret) au *Journal officiel*. Ce n'est toutefois pas une exigence absolue car elles ne conditionnent jamais l'entrée en vigueur d'une loi ou d'un décret.

2. Portée juridique

Synonymes de « notes de service », les circulaires doivent exclusivement se limiter à commenter les textes et à interpréter la réglementation applicable afin de la rendre plus accessible. Tel est le rôle des circulaires interprétatives. Or celles-ci se sont longuement opposées aux circulaires réglementaires qui allaient bien au-delà de leur fonction d'interprétation du droit. En effet, il arrivait fréquemment que ces circulaires réglementaires ajoutent de nouveaux éléments au texte, ce qui modifiait les règles de droit et parfois même en créait de nouvelles. Largement critiquées, elles faisaient alors l'objet de recours devant les juridictions administratives en vue de leur annulation.

En 2002, un arrêt du Conseil d'État (Dame Duvignères) a mis fin à la distinction entre circulaires interprétatives et circulaires réglementaires. Cette décision définit un nouveau critère plus objectif de distinction en ouvrant désormais les possibilités de recours à l'encontre des textes contenant des dispositions impératives : une circulaire contenant des éléments obligatoires risquerait donc d'être annulée.

3. Publication

Depuis le décret du 8 décembre 2008, les circulaires doivent être publiées sur un site spécialisé (http://circulaires.legifrance.gouv.fr). À défaut, elles ne seraient pas applicables et les services ne pourraient s'en prévaloir à l'égard des administrés (article 1er du décret entré en vigueur le 1er mai 2009).

III. LES DIRECTIVES ET LES INSTRUCTIONS

A. Les directives

1. Définition

Les directives sont des actes par lesquels l'administration fixe les bases générales selon lesquelles elle sera amenée à prendre une décision. Les directives établissent en quelque sorte une « doctrine » destinée à éviter des incohérences ou des contradictions.

2. Portée juridique

Les directives portent sur des domaines aussi concrets que diversifiés : usage du numérique et des technologies d'information et de communication à l'école primaire, consignes applicables dans les établissements hospitaliers en cas de canicule, protection du consommateur en matière de location de chambres d'hôtes...

Les directives sont susceptibles d'évoluer plus ou moins rapidement. En outre, leur portée est relative car l'administration n'est pas toujours tenue de s'y conformer. Si tel est le cas, elle doit en justifier les raisons (motif d'intérêt général, situation imprévue, circonstance exceptionnelle...).

3. Publication

Les directives doivent faire l'objet d'une publication au *Bulletin officiel* du ministère qui les a édictées (mais elles ne sont pas publiées au *Journal officiel*).

B. Les instructions

Les instructions sont rédigées par une autorité (directeur, chef de service) en vue d'être appliquées par des subordonnés. Contrairement aux directives le plus souvent établies au profit des usagers, les instructions visent principalement les agents et le fonctionnement interne. Il s'agit de mesures d'ordre intérieur, destinées à préciser dans le détail les règles de fonctionnement des administrations. Les instructions sont des documents internes qui n'ont pas vocation à être publiés.

Fiche 21

LES DROITS INTERNATIONAUX PUBLIC ET PRIVÉ

I. LE DROIT INTERNATIONAL PUBLIC

A. L'objet du droit international public

L'objet du droit international public est de régler les relations entre « personnes publiques internationales », c'est-à-dire :

- entre États ;
- entre organisations internationales ;
- entre États et organisations internationales.

B. Les traités, sources du droit international public

1. Définition d'un traité

La principale source du droit international public est le traité. Il s'agit d'une source dite « conventionnelle » puisqu'elle repose sur la volonté individuelle d'une personne publique internationale de s'engager vis-à-vis d'une autre. Les traités n'ayant d'effet qu'entre signataires, ils ne seront pas opposables aux parties non-signataires. En conséquence, ces dernières ne seront pas tenues de les respecter.

2. Formation d'un traité

Les règles de conclusion des traités sont codifiées par la convention de Vienne sur le droit des traités du 23 mai 1969. Leur processus d'élaboration repose schématiquement sur trois principales étapes :

- la négociation, plus ou moins longue, qui permet aux États d'afficher leurs positions, d'exprimer leurs exigences, de faire valoir leurs prétentions et de les confronter à celles de leurs homologues ;
- la signature qui matérialise l'adhésion formelle des États aux dispositions (ou « clauses ») du traité et aux engagements qui en découlent ;
- la ratification qui marque l'intégration du traité dans l'ordre juridique interne : si le processus est propre à chaque État, il associe presque toujours la représentation nationale (Parlement) comme en Allemagne, aux États-Unis ou en France (article 55 de la Constitution).

II. LE DROIT INTERNATIONAL PRIVÉ

A. L'objet du droit international privé

Le droit international privé est l'analyse des relations entre personnes privées (individus) soumises à des législations différentes.

L'application du droit international privé suppose l'existence d'un élément d'extranéité qui écarte l'application du droit privé interne. Dans la très grande majorité des cas, il s'agit de la nationalité des parties.

B. L'application du droit international privé

Lorsqu'il est reconnu applicable, le droit international privé permet de résoudre deux types de conflits.

1. Les conflits de juridictions

a) Position du problème

Il s'agit de connaître la juridiction compétente pour trancher le litige:

- est-ce celle relevant du droit national de l'État dont l'une ou les deux parties sont ressortissantes?
- s'agit-il de celle du lieu de survenance du fait générateur?

b) Exemple

Deux époux de nationalité italienne, mariés en Belgique et résidant en France, souhaitent divorcer. Quel est le juge compétent:

- le juge italien, du fait de la nationalité des époux?
- le juge belge, en raison du lieu de la célébration?
- le juge français, au titre de la localisation du domicile conjugal?

2. Les conflits de lois

a) Position du problème

Le droit international privé apporte une réponse au conflit de lois en retenant la loi nationale applicable pour résoudre un litige présentant un caractère international. En effet, le juge n'applique pas systématiquement sa loi nationale: en pratique, un juge français pourra donc très bien décider d'appliquer une loi étrangère.

b) Exemple

Un allemand achète en Suisse une résidence en France. Quelle sera la loi applicable:

- celle de la nationalité de l'acquéreur?
- celle du lieu de signature du contrat de vente?
- celle du lieu du bien?

III. LES RELATIONS ENTRE LE DROIT INTERNATIONAL ET LE DROIT INTERNE

La place croissante accordée au droit international (accords, traités, conventions, protocoles) pousse à s'interroger sur les rapports qu'il entretient avec les droits internes, donc avec les ordres juridiques nationaux. Deux théories s'affrontent.

A. La théorie moniste

La première théorie, dite « moniste », fait immédiatement prévaloir le droit international sur le droit interne sous réserve, parfois, de formalités de ratification ou/et de publication. C'est le cas de la France dont la Constitution du 27 octobre 1946 énonçait que « *les traités diplomatiques régulièrement ratifiés et publiés ont force de loi dans le cas même où ils seraient contraires à des lois françaises* » (article 26). Cette position a été reprise par l'article 55 de la Constitution du 4 octobre 58 (« *les traités ou accords régulièrement ratifiés ou approuvés ont, dès leur publication, une autorité supérieure à celle des lois* »).

La Suisse, la Belgique et les Pays-Bas reconnaissent également la supériorité immédiate du droit international sur le droit interne.

B. La théorie dualiste

La seconde théorie est dite « dualiste ». Selon elle, le droit international n'est valide – donc applicable – qu'à la condition d'avoir été formellement intégré dans le droit interne au terme d'une procédure spécifique. Cette transposition (parfois appelée « transformation ») peut prendre la forme du vote d'une loi ou d'une révision constitutionnelle. La théorie dualiste fait donc coexister deux ordres juridiques (l'un national et l'autre international) d'égale valeur.

Les États-Unis, les pays nordiques et la Grande Bretagne sont des États ayant adopté le système dualiste.

Fiche 22

LE DROIT INSTITUTIONNEL DE L'UNION EUROPÉENNE

Le droit de l'Union européenne (anciennement « droit communautaire » ou « droit européen ») est l'ensemble des règles qui régit l'organisation et le fonctionnement des institutions européennes ainsi que les relations entre les États membres.

I. L'OBJET DU DROIT INSTITUTIONNEL

A. Les traités initiaux

Le droit institutionnel de l'Union européenne établit les bases du fonctionnement des différentes institutions qui la composent (Commission européenne, Conseil européen, Conseil de l'Union européenne, Parlement européen, Cour des comptes européenne, Cour de justice de l'Union européenne...).

Le droit institutionnel est né lors de la constitution de l'Union à l'occasion de la signature de trois traités :

- le traité instituant la Communauté européenne du charbon et de l'acier (CECA) en 1951 ;
- les deux « traités de Rome » (1957) : le premier institue la Communauté économique européenne (CEE) et le second la Communauté européenne de l'énergie atomique (CEEA ou Euratom).

B. Les traités successifs

Par la suite, plusieurs autres traités viendront modifier, compléter et réformer l'organisation de l'Union européenne :

- le traité de Bruxelles (1965) qui réorganise le fonctionnement des institutions par la création d'une seule Commission et d'un seul Conseil pour les trois Communautés (CECA, CEE, CEEA) ;
- l'Acte unique européen (1986) qui prépare l'adhésion de l'Espagne et du Portugal et renforce les pouvoirs du Parlement européen ;
- le traité sur l'Union européenne (traité de Maastricht en 1992) qui, notamment, définit les règles de constitution de l'Union économique et monétaire (UEM) en vue du passage à la monnaie unique ;
- le traité d'Amsterdam (1997) qui réforme les institutions en vue de l'adhésion de nouveaux membres ;
- le traité de Nice (2001) qui formalise les principes de fonctionnement au sein de l'Union européenne qui compte désormais 25 membres ;

- le traité de Lisbonne – ou traité sur le fonctionnement de l'Union européenne (TFUE) – en 2007 qui simplifie le fonctionnement de l'Union, renforce son caractère démocratique (instauration de l'initiative citoyenne) et redessine la ligne de partage des compétences entre États membres et institutions.

L'ensemble de ces traités constitue le « droit primaire » de l'Union européenne.

II. LE CONTENU DU DROIT INSTITUTIONNEL

L'ordre juridique de l'Union européenne est complexe. Il se compose de nombreuses normes de valeur et de portée différentes qualifiées de « droit dérivé ». On distingue principalement quatre catégories de règles.

A. Les règlements

1. Définition

Les règlements ont une portée générale. Ils sont obligatoires et immédiatement applicables au sein de tous les États membres.

2. Exemples

- Règlement du 28 juin 2007 relatif à la production biologique et à l'étiquetage des produits biologiques.
- Règlement du 27 septembre 2011 relatif aux dénominations des fibres textiles, à l'étiquetage et au marquage correspondants des produits textiles au regard de leur composition en fibres.

B. Les directives

1. Définition

Les directives ont une portée plus limitée. Elles définissent l'objectif à atteindre tout en laissant aux États membres le soin d'adopter les mesures pour y parvenir librement. Il s'agit donc pour eux de procéder à la transposition de ces règles dans les ordres juridiques internes respectifs.

2. Exemples

- Directive du 17 juin 1999 relative à la taxation des poids lourds pour l'utilisation de certaines infrastructures.
- Directive du 20 décembre 2001 relative aux jus de fruits et à certains produits similaires destinés à l'alimentation humaine.

C. Les décisions

1. Définition

Les décisions sont obligatoires pour les destinataires qu'elles désignent. Contrairement aux règlements, elles ont une portée individuelle (soit un État membre, soit une personne physique ou morale).

2. Exemples

- Décision du 25 octobre 2011 accordant une garantie de l'Union européenne à la Banque européenne d'investissement en cas de pertes résultant de prêts et de garanties de prêts en faveur de projets réalisés en dehors de l'Union.
- Décision du 15 janvier 2008 relative à un environnement sans support papier pour la douane et le commerce.

D. Les recommandations et les avis

1. Définition

Les recommandations et les avis invitent les États membres à adopter une position particulière sans force contraignante.

2. Exemples

- Recommandation du 12 juillet 1999 relative à la limitation de l'exposition du public aux champs électromagnétiques (de 0 Hz à 300 GHz).
- Avis du 19 septembre 2014 sur la séparation et la régulation des activités bancaires.

III. LA PORTÉE DU DROIT INSTITUTIONNEL

A. Les caractéristiques du droit institutionnel

Dès la création des Communautés européennes, puis tout au long de la construction de l'Union européenne, la Cour de justice a rendu plusieurs décisions (appelées « arrêts ») qui sont venues préciser la valeur du droit communautaire :

- en 1963 (arrêt Van Gend en Loos), elle érige le droit communautaire en ordre juridique autonome et reconnaît son effet direct sur les législations nationales ;
- en 1964 (arrêt Costa contre ENEL), reprenant le raisonnement qu'elle avait suivi en 1963, elle confirme de manière irrévocable la primauté du droit communautaire sur le droit interne ;
- en 1978 (arrêt Simmenthal), elle précise que le droit communautaire prévaut même dans l'hypothèse d'une loi nationale postérieure contraire : cela implique donc que les États doivent immédiatement écarter l'application de celle-ci.

B. L'application du droit institutionnel

1. Par les États membres

Malgré les principes de primauté et d'application directe du droit institutionnel, des situations complexes peuvent apparaître lorsque les règles adoptées par l'Union européenne viennent contredire les réglementations nationales en vigueur. Les États membres doivent alors tout mettre en œuvre pour exécuter directement (règlements) ou après transposition (directives) les nouveaux principes posés.

2. Par la Cour de justice de l'Union européenne

La Cour de justice de l'Union européenne (CJUE) est une juridiction qui veille à ce que les règles de droit européen soient appliquées par tous les États membres de manière continue et uniforme. Son rôle est également d'interpréter la législation (droit primaire et droit dérivé) lorsque celle-ci lui apparaît obscure.

Fiche 23

LE DROIT MATÉRIEL DE L'UNION EUROPÉENNE

I. L'OBJET DU DROIT MATÉRIEL

A. Les principes du droit matériel

Le droit matériel de l'Union européenne organise les relations entre États dans le cadre de l'établissement et du fonctionnement d'un marché commun. Il repose sur plusieurs principes fondateurs :

- l'élimination, entre États membres, des droits de douane et des restrictions quantitatives à l'entrée et à la sortie des marchandises ;
- la liberté de circulation des marchandises, des personnes, des services et des capitaux ;
- le libre jeu de la concurrence.

B. Les objectifs du droit matériel

Le droit matériel poursuit un double objectif.

1. Le libre jeu de la concurrence

Le droit matériel de l'Union européenne doit garantir que le libre jeu de la concurrence n'est pas faussé dans le cadre du fonctionnement du marché intérieur. Ce principe est ancien puisqu'il figurait explicitement dans l'article 3 du traité de Rome : « *l'action de la Communauté comporte (...) l'établissement d'un régime assurant que la concurrence n'est pas faussée dans le marché commun* ».

2. L'harmonisation des politiques communes

Le droit matériel réglemente également les politiques laissées à l'initiative des États dans la mesure où l'Union européenne n'exerce pas sa compétence. Ce sont les « compétences partagées » dont il est indispensable d'assurer la coordination d'ensemble. Entrent dans cette catégorie :

- la politique agricole et halieutique ;
- la politique budgétaire ;
- la coopération policière et judiciaire en matière pénale ;
- la politique des transports ;
- la politique énergétique ;
- la politique environnementale ;
- la protection des consommateurs...

II. LE CONTENU DU DROIT MATÉRIEL

Le droit matériel pose quatre principes destinés à fluidifier l'activité économique au sein de l'Union.

A. L'interdiction des ententes

1. Principe

Le premier principe est l'interdiction des ententes (article 101 du TFUE) qui consistent à :

- fixer de façon directe ou indirecte les prix d'achat ou de vente ;
- limiter ou contrôler la production des industriels ;
- répartir les marchés ou les sources d'approvisionnement ;
- appliquer aux partenaires commerciaux des conditions différentes pour des prestations équivalentes.

2. Exemple

En 2012, la Commission européenne a infligé une amende d'un montant total de 1,47 milliard d'euros à six fabricants de tubes cathodiques. Ceux-ci avaient constitué une entente illicite en s'entendant sur les prix à pratiquer pendant plus d'une dizaine d'années.

B. L'interdiction des abus de positions dominantes

1. Principe

Le deuxième principe est l'interdiction des abus de position dominante (article 102 du TFUE). Cette situation se rencontre lorsqu'une entreprise en situation de monopole (ou dominant un marché particulier) impose des conditions de vente déloyales (prix excessifs). Il convient cependant de noter que ce n'est pas la position dominante qui est répréhensible mais l'abus de celle-ci.

2. Exemple

En 2015, Google a été poursuivi pour abus de position dominante car, à travers son moteur de recherche, il favorisait directement ses propres services : son comparateur de prix proposait en effet de cliquer en priorité sur sa boutique virtuelle. En ne permettant pas le libre jeu de la concurrence, cette situation abusive a conduit la Commission européenne à poursuivre la société américaine qui encourt une amende de plus de 6 milliards d'euros (10 % de son chiffre d'affaires).

C. Le contrôle des concentrations

1. Principe

a) Un contrôle a priori

Le troisième principe est le contrôle des concentrations : il s'agit du même régime de contrôle que pour les positions dominantes. En tant que telles, les concentrations d'entreprises ne sont pas illégales. Mais en amont de leur constitution, l'Union européenne souhaite réglementer l'émergence de « géants » susceptibles de perturber le libre jeu de la concurrence. Sont visés par le terme « concentration », aussi bien le regroupement de plusieurs entreprises pour donner la naissance à une nouvelle entité (fusion) que le rachat d'une société par une autre (acquisition).

b) Les critères applicables

Dans le cadre de la procédure mise en œuvre par les institutions européennes, la Commission intervient sous forme de contrôle préalable pour autoriser ou non le projet de concentration. Celui-ci sera interdit si la concentration atteint une dimension communautaire mesurée à l'aide de deux critères cumulatifs :

- le chiffre d'affaires total réalisé au plan mondial par l'ensemble des entreprises concernées représente un montant supérieur à 5 milliards d'euros ;
- le chiffre d'affaires total réalisé individuellement dans l'Union européenne par au moins deux des entreprises concernées représente un montant supérieur à 250 millions d'euros.

2. Exemple

En 2015, la Commission européenne a donné son accord au rachat de Broadcom par Avago, deux producteurs mondiaux de semi-conducteurs, ayant estimé que ce regroupement ne porterait pas atteinte au libre jeu de la concurrence en Europe.

D. L'interdiction des aides publiques

1. Principe

Le quatrième principe est l'interdiction des aides publiques dites « aides d'État » (articles 107 et 108 du TFUE). En effet, ces subventions publiques risquent de fausser le jeu de la concurrence en favorisant les entreprises nationales au détriment des entreprises étrangères européennes. Le droit de l'Union interdit donc non seulement les aides « positives » (subventions, dotations, prêts à taux bonifiés…) mais également les aides « négatives » (exonérations fiscales, prises de participation de l'État, garanties d'emprunt).

2. Exceptions

a) Des règles précises

Dans certains cas particuliers, les aides d'États sont toutefois reconnues légales. C'est le cas notamment :

- des aides octroyées aux consommateurs individuels, à condition qu'elles soient accordées sans discrimination (aide au logement et autres prestations sociales) ;
- des aides destinées à remédier aux dommages causés par des calamités naturelles ;
- des aides destinées à favoriser le développement économique de régions dans lesquelles le niveau de vie est anormalement bas ou

où sévit un grave sous-emploi (anciens sites industriels en reconversion);

- des aides destinées à promouvoir la réalisation d'un projet important d'intérêt européen commun (principalement dans le domaine de l'énergie pour le transport d'hydrocarbures ou d'électricité);
- des aides destinées à promouvoir la culture et la conservation du patrimoine (aides nationales au cinéma et à l'audiovisuel).

b) Des sanctions dissuasives

S'il s'avérait que, rétroactivement, l'aide octroyée ne rentrait pas dans l'un des cas précédemment énoncés, l'État serait alors dans l'obligation d'en obtenir le remboursement par le bénéficiaire l'ayant indûment perçue. Cette sanction, particulièrement dissuasive, incite donc à un examen scrupuleux des conditions dans lesquelles les aides sont admises. Il arrive toutefois qu'elle soit appliquée: en 2014, la compagnie aérienne Ryanair a été sommée de rembourser 9,6 millions d'euros d'aides publiques; en 2015, cela a été le cas de la SNCM (Maritime Corse Méditerranée) pour un montant de 220 millions d'euros.

Fiche 24

LES PERSONNES PHYSIQUES

Une personne physique est un être humain. Chaque individu est doté de la personnalité juridique. Il bénéficie de droits (il est « sujet actif de droit ») et est soumis à des obligations (« sujet passif de droit ») tout au long de sa vie, depuis sa naissance jusqu'à sa mort. Chaque personne physique est unique. Elle est identifiée par son nom (patronyme), son domicile et sa nationalité.

I. LE NOM

A. Le concept de nom

1. Terminologie

Le terme juridique désignant le nom de famille est celui de « patronyme » qui, littéralement, signifie « nom du père ». L'étymologie de ce terme illustre le fait que, dans le passé, le même nom se transmettait à tous les descendants d'une famille issus d'un père identique.

2. L'acquisition du nom

Le nom est acquis selon les règles de filiation en vigueur, suivant que l'enfant est légitime (né après un mariage), naturel (né hors mariage) ou adopté. Il peut parfois être complété d'un surnom donné par l'entourage proche, d'un pseudonyme professionnel, voire d'un titre nobiliaire (baron, marquis...).

B. La protection du nom

Les noms des personnes physiques sont triplement protégés :

- d'une utilisation commerciale : on ne peut pas vendre son propre nom ni acheter celui d'un autre ;
- d'une utilisation abusive : on ne peut utiliser le nom d'une autre ;
- d'une utilisation frauduleuse : l'usurpation d'identité est un délit puni d'un an d'emprisonnement et de 15 000 euros d'amende.

II. LE DOMICILE

A. Le concept de domicile

L'article 102 du code civil indique que « *le domicile de tout Français, quant à l'exercice de ses droits civils, est au lieu où il a son principal établissement* ». En d'autres termes, le domicile est un lieu géographiquement identifié où la personne physique réside.

B. Les notions de résidence et d'habitation

Les notions de « résidence » ou d'« habitation » ne sont pas identiques et s'utilisent dans d'autres circonstances (déplacements professionnels, vacances). En somme, si l'on peut avoir plusieurs lieux de résidence ou d'habitation, on ne possède qu'un seul domicile. Le domicile n'est évidemment pas un critère d'identité de la personne physique puisque l'on peut en changer librement, alors que l'identité d'un individu est unique et constante.

III. LA NATIONALITÉ

A. Le concept de nationalité

1. Principe

La nationalité est le lien d'appartenance d'une personne (physique ou morale) à un État. En principe, tout individu a au moins une nationalité, mais il peut aussi en avoir plusieurs: le fait d'en avoir deux et d'être binational est le cas le plus fréquent de multinationalité.

2. Exception

Il existe des cas dans lesquels des individus sont privés de nationalité. Ils ont le statut d'« apatride », ce que la Convention de New York du 28 septembre 1954 définit comme « *toute personne qu'aucun État ne considère comme son ressortissant par application de sa législation* ».

B. L'acquisition de la nationalité

1. Naître français

En France, pour les personnes physiques, la nationalité est acquise automatiquement (« de plein droit ») :

- soit si l'on est enfant d'une mère et/ou d'un père français (principe du droit du sang) ;
- soit en cas de naissance en France d'un enfant dont au moins l'un des deux parents est français (principe du double droit du sol).

2. Devenir français

La nationalité peut aussi être acquise dans d'autres circonstances sous conditions (mariage avec un conjoint français, naturalisation ou adoption).

Les règles d'acquisition de la nationalité française ont été rendues plus strictes par la loi du 16 juin 2011. Par ailleurs, depuis le 1er janvier 2012, les personnes souhaitant devenir françaises (notamment par naturalisation) doivent posséder un niveau suffisant de connaissance orale du français attesté par un diplôme.

Fiche 25

LA PERSONNALITÉ JURIDIQUE DES PERSONNES PHYSIQUES

La personnalité juridique confère aux personnes physiques la capacité juridique. Celle-ci se compose d'une capacité de jouissance et d'une capacité d'exercice.

I. LA CAPACITÉ DE JOUISSANCE

A. La notion de capacité de jouissance

La capacité de jouissance est l'aptitude à bénéficier de droits:

- liberté d'aller et de venir;
- être propriétaire;
- être électeur et éligible à un scrutin;
- être candidat à un concours administratif;
- hériter ou bénéficier d'un don...

B. Les limites: les incapacités de jouissance

La capacité de jouissance est parfois limitée par des « incapacités de jouissance » qui privent certaines personnes physiques de la possibilité de bénéficier d'un droit (et donc de l'exercer). Par exemple, les mineurs ne bénéficient pas du droit de vote.

Ces incapacités de jouissance sont toujours spéciales. En effet, si elles étaient totales, cela reviendrait à priver une personne physique de sa personnalité juridique.

II. LA CAPACITÉ D'EXERCICE

A. La notion de capacité d'exercice

La capacité d'exercice est le fait de mettre en œuvre les droits dont on dispose (se déplacer sur le territoire, acheter une maison, voter, être élu...). En somme, il s'agit d'« exercer » le droit, d'où le terme « exercice ».

Comme l'article 1123 du code civil l'indique, la capacité d'exercice est la règle: « *toute personne peut contracter si elle n'en est pas déclarée incapable par la loi* ». En conséquence, l'incapacité d'exercice est l'exception.

B. Les limites : les incapacités d'exercice

1. Mise en œuvre des incapacités d'exercice

Les incapacités d'exercice sont plus nombreuses que les incapacités de jouissance. Contrairement à ces dernières, elles n'empêchent pas la personne « incapable » de disposer de certains droits mais elles encadrent les modalités de leur mise en œuvre selon des procédures particulières. Par exemple, les mineurs peuvent hériter mais ils ne peuvent revendre seuls tout ou partie de leur héritage : ils doivent être assistés par une personne nommée « représentant légal ».

2. Niveaux des incapacités d'exercice

Il existe une gradation des incapacités d'exercice qui dépend à la fois de l'importance des actes à accomplir et du niveau d'incapacité des personnes concernées. La classification des actes juridiques permet de déterminer qui sera en mesure d'exercer le droit et quelle devra être la procédure à suivre. On trouve trois niveaux d'actes d'importance croissante.

a) Les actes conservatoires

Comme leur nom l'indique, les actes conservatoires sont des mesures courantes, habituelles, répétitives, ordinaires, dont le but est d'assurer la bonne conservation du patrimoine de la personne incapable. C'est par exemple le cas de petites réparations urgentes du logement, du véhicule...

b) Les actes d'administration

Les actes d'administration sont des mesures de gestion permettant d'exploiter et de mettre en valeur le patrimoine. Entrent dans cette catégorie la demande d'une carte bancaire de retrait d'argent liquide, la perception de revenus, la vente de mobilier non précieux...

c) Les actes de disposition

Les actes de disposition constituent la troisième et dernière catégorie d'actes. Ils permettent de modifier de manière durable le contenu du patrimoine de la personne protégée. Il s'agit notamment de la vente d'un immeuble, de la souscription d'un emprunt ou de la demande de délivrance d'une carte de paiement à crédit.

III. LE NIVEAU D'INCAPACITÉ DES PERSONNES CONCERNÉES

Le droit distingue deux catégories de personnes physiques incapables : les incapables mineurs et les incapables majeurs.

A. Les incapables mineurs

Le mineur est un individu n'ayant pas atteint l'âge de la majorité fixé à 18 ans. Dans certains cas particuliers, il peut être émancipé dès l'âge de 16 ans révolus par le juge des tutelles : dès lors, il cesse d'être sous la responsabilité de ses parents.

B. Les incapables majeurs

Les incapables majeurs sont des personnes ne pouvant exercer leurs droits de manière normale, principalement en raison d'une altération de leurs facultés physiques ou mentales. Les mesures prises dépendent de la gravité de ces altérations.

1. La sauvegarde de justice

Le niveau le plus simple est la sauvegarde de justice. Il s'agit d'une mesure temporaire (un an renouvelable une fois) qui place l'incapable majeur dans un régime relativement libre où il conserve le plein exercice de ses droits. Toutefois, en cas de litige, les actes qu'il aura passés pourront être corrigés, voire annulés.

2. La curatelle

Si la sauvegarde de justice s'avère insuffisante (ou à l'issue de celle-ci après deux ans), le niveau intermédiaire est la curatelle. Sous ce régime, l'incapable peut effectuer seul certaines formalités mais il doit être accompagné par un « curateur » pour les actes les plus importants. Sa durée est de cinq ans renouvelables.

3. La tutelle

Le niveau de protection le plus complet est la tutelle. C'est une mesure judiciaire par laquelle la personne incapable a l'obligation d'être représentée en permanence par un « tuteur » pour tous les actes qu'elle passe. Elle est prononcée lorsque la sauvegarde de justice et la curatelle n'ont pas été jugées suffisantes pour protéger efficacement ses intérêts. Sa durée est de cinq ans renouvelables.

Fiche 26

LA DISPARITION DE LA PERSONNALITÉ JURIDIQUE DES PERSONNES PHYSIQUES

La personnalité juridique d'une personne physique prend fin dans trois cas de figure.

I. LE DÉCÈS DE LA PERSONNE PHYSIQUE

A. Le contexte

En France, seul le code de santé publique donne une définition de la mort à partir de données physiologiques. Selon l'article R. 1232-1, « *si la personne présente un arrêt cardiaque et respiratoire persistant, le constat de la mort ne peut être établi que si les trois critères cliniques suivants sont simultanément présents :*

- *absence totale de conscience et d'activité motrice spontanée ;*
- *abolition de tous les réflexes du tronc cérébral ;*
- *absence totale de ventilation spontanée* ».

B. Les conséquences juridiques

La mort « naturelle et constante » doit être constatée par un médecin après examen du corps. Un certificat de décès est ensuite établi. Une personne décédée perd sa personnalité juridique : elle n'exerce plus ses droits, n'établit plus aucun acte et n'est plus assujettie à quelque obligation que ce soit.

II. L'ABSENCE DE LA PERSONNE PHYSIQUE

A. Le contexte

L'absence est la situation dans laquelle « *une personne a cessé de paraître au lieu de son domicile ou de sa résidence sans que l'on en ait eu de nouvelles* » (article 112 du code civil).

L'absence repose sur deux étapes relativement longues :

- un jugement de présomption d'absence établi par le juge des tutelles ;
- un jugement déclaratif d'absence établi par le tribunal de grande instance 10 années après le jugement de présomption d'absence.

B. Les conséquences juridiques

La déclaration d'absence par jugement déclaratif emporte toutes les conséquences d'un décès sur la personnalité juridique : le mariage est dissous ; la succession est ouverte. Si l'absent était amené à réapparaître, il retrouverait alors son patrimoine dans l'état dans lequel il se trouve (et non dans lequel il l'avait laissé). Mais malgré l'annulation du jugement déclaratif, son mariage demeurerait dissous.

III. LA DISPARITION DE LA PERSONNE PHYSIQUE

A. Le contexte

La disparition est une situation plus préoccupante que l'absence. Elle vise le cas d'une personne exposée à un danger de mort (à partir du moment où elle a cessé de donner des signes de vie) et qui ne s'est plus manifestée depuis. Faute de corps, aucun acte de décès ne peut être dressé, ce dernier ne pouvant être que présumé.

B. Les conséquences juridiques

Dans l'hypothèse où la mort ne fait aucun doute (naufrage d'un navire, *crash* d'un avion...), une procédure de déclaration judiciaire de décès peut être initiée devant le tribunal de grande instance. Ce dernier délivre alors un jugement déclaratif de décès dont les mentions seront retranscrites sur les registres de l'état civil. Comme pour l'absence, le jugement déclaratif de décès emporte toutes les conséquences d'un décès (dissolution du mariage, ouverture de la succession...).

Fiche 27

LES PERSONNES MORALES

I. LA NOTION DE PERSONNE MORALE

A. Le regroupement fictif

Les personnes morales sont des sujets de droit fictifs. Il s'agit d'un groupement de personnes physiques ayant choisi de se rassembler afin de réaliser un projet, d'exercer une mission ou d'accomplir une tâche en commun. Par exemple, lorsque plusieurs individus décident de créer une société commerciale, ils doivent constituer son capital. Cet investissement financier (partagé selon des règles qu'ils auront choisies) leur permettra par la suite de répartir les bénéfices et d'assumer les pertes. Cette volonté, fondée sur une coopération active et de la recherche d'un intérêt commun, est appelée *affectio societatis.*

B. La diversité des personnes morales

On distingue trois types de personnes morales:

- les personnes morales de droit public: État, collectivités territoriales (communes, départements, régions), organisations internationales, établissements publics à caractère administratif (EPA);
- les personnes morales de droit privé: fondations, associations, sociétés commerciales, syndicats, groupements d'intérêt économique (GIE);
- les personnes morales de droit mixte: établissements publics industriels et commerciaux (EPIC), ordres professionnels.

II. LA CAPACITE JURIDIQUE DES PERSONNES MORALES

Malgré l'absence d'existence corporelle, les personnes morales sont dotées de la personnalité juridique: elles disposent donc d'une double capacité de jouissance et d'exercice.

A. Le contenu de la personnalité juridique

Comme les personnes physiques, les personnes morales bénéficient de droits et sont soumises à des obligations. Elles ont également un nom, un siège social (équivalent au domicile pour un individu) et une nationalité. Elles peuvent aussi être condamnées pénalement au paiement d'amendes (mais pas à des peines d'emprisonnement). Les personnes morales détiennent enfin un patrimoine collectif distinct des patrimoines individuels des personnes physiques qui les composent.

B. La capacité de jouissance

Contrairement aux personnes physiques, en application du principe de spécialité, la capacité de jouissance des personnes morales est strictement limitée au domaine pour lequel elles ont été créées (objet social pour une société, but non lucratif pour une association). Les droits qu'elles détiennent sont donc restreints à ce périmètre. Par exemple, une association déclarée, spécialisée dans la rénovation de vieux meubles, ne pourra se porter acquéreur de locaux destinés à accueillir des animaux abandonnés. De la même manière, une société fabricant des pneumatiques ne pourra pas commercialiser de cigarettes.

C. La capacité d'exercice

La capacité d'exercice est théoriquement illimitée. Elle est toutefois complexe à mettre en œuvre car, du fait de l'absence d'existence corporelle, les personnes morales ne peuvent exercer leurs droits que par l'intermédiaire de personnes physiques qui les représentent (gérants, mandataires, administrateurs, directeurs généraux, présidents, maires...). Enfin, comme pour le décès des personnes physiques, l'extinction des personnes morales (dissolution volontaire, liquidation judiciaire...) entraîne la perte de leur personnalité juridique.

Fiche 28

LES BIENS MEUBLES

I. LA NOTION DE BIEN MEUBLE

A. Le principe général

Les biens meubles sont « *les biens qui peuvent se transporter d'un lieu à un autre* » (article 528 du code civil). Le déplacement d'un bien meuble par nature peut se faire par des moyens propres (véhicule) ou par une intervention extérieure (porté par une personne).

B. Le statut des animaux

1. En droit pénal

Les animaux sont protégés par la loi du 10 juillet 1976 relative à la protection de la nature, dont plusieurs dispositions ont été incluses dans le code pénal. Les sévices graves et les actes de cruauté (mauvais traitements) envers les animaux ainsi que toute atteinte (volontaire ou non) à leur vie sont réprimés par l'article L. 521-1 du code pénal : « *le fait (...) d'exercer des sévices graves ou de nature sexuelle, ou de commettre un acte de cruauté envers un animal domestique, ou apprivoisé, ou tenu en captivité est puni de deux ans d'emprisonnement et de 30 000 euros d'amende* ».

2. En droit civil

Jusqu'en 2014, les animaux étaient qualifiés de biens meubles par nature, c'est-à-dire qu'ils avaient le même statut qu'une table ou qu'une chaise. La loi du 16 février 2015 leur reconnaît une nouvelle qualification : des êtres vivants « doués de sensibilité ». Pour autant, ils ne disposent toujours pas de personnalité juridique. Ils ne peuvent par exemple ni hériter, ni faire l'objet d'un droit de garde en cas de divorce de leurs maîtres.

II. LA TYPOLOGIE DES BIENS MEUBLES

Les biens meubles sont soit corporels, soit incorporels, soit par anticipation.

A. Les meubles corporels

Les meubles corporels sont des biens ayant une consistance physique et que l'on peut saisir. C'est une qualification très facile à cerner tant les exemples sont nombreux. Sont des meubles corporels (liste non exhaustive) :

- le mobilier du domicile (lit, vaisselle et couverts, linge de maison, chaises...) que le code civil appelle également « meubles meublants » ;

- les avions, navires, automobiles, moto, vélos;
- les livres, les denrées alimentaires, les téléphones portables et les ordinateurs...

B. Les meubles incorporels

Les meubles incorporels sont des biens que la loi a définis comme tels. Ils n'ont pas d'existence matérielle puisqu'il s'agit de prérogatives (ou de droits) portant sur des biens meubles. Entrent dans la catégorie les actions, les obligations, les droits de créances, les parts de sociétés commerciales, les rentes, les droits de propriété intellectuelle, les fonds de commerce...

C. Les meubles par anticipation

Certains biens peuvent enfin être meubles par anticipation. Il s'agit de biens qui ne sont pas encore meubles (ils sont immeubles) mais qui ont vocation à le devenir prochainement. On peut citer comme exemples les récoltes sur pied ou les arbres non abattus.

Fiche 29

LES BIENS IMMEUBLES

L'article 517 du code civil indique que les biens sont immeubles par leur nature, par leur destination ou par l'objet auquel ils s'appliquent.

I. LES BIENS IMMEUBLES PAR NATURE

Dans un style utilisé à l'époque de sa rédaction en 1804, le code civil détaille des exemples concrets de biens immeubles par nature :

- les fonds de terre et bâtiments (article 518) ;
- les moulins à vent ou à eau (article 519) ;
- les « *récoltes pendantes par les racines et les fruits des arbres non encore recueillis* » (article 520) ;
- les « *tuyaux servant à la conduite des eaux dans une maison* » (article 523).

D'une manière générale, sont des biens immeubles par nature le terrain, la terre (d'une manière générale le sol) et les constructions incorporées dans le sol ainsi que les murs.

Les biens immeubles par nature sont également qualifiés de biens immeubles corporels.

II. LES BIENS IMMEUBLES PAR DESTINATION

A. Le concept

Les biens immeubles par destination sont des biens meubles fictivement rattachés à des biens immeubles. Le critère physique est simple : le bien meuble doit avoir été fixé au bien immeuble au moyen d'un scellement (plâtre, ciment, chaux), au point qu'il ne sera pas possible de le détacher sans détériorer soit le bien, soit le support sur lequel il est fixé. On dit que le bien meuble est « attaché à perpétuelle demeure » : c'est un bien immeuble par destination.

Les biens immeubles par destination sont également qualifiés de biens immeubles corporels.

B. Les exemples d'immeubles par destination

Par exemple, une statue simplement posée sur une étagère est considérée comme un bien meuble. Si elle est scellée sur une cheminée, elle devient immeuble par destination. Il en va de même si elle est placée dans une niche spécialement conçue pour elle, même si elle est simplement posée.

De la même façon, des radiateurs en fonte, partie intégrante du chauffage central, seront considérés comme des biens immeubles par destination, tandis que des convecteurs électriques, simplement vissés, seront qualifiés de biens meubles (leur déplacement ne laisse en effet que quelques traces discrètes dans le mur sur lequel ils étaient fixés).

III. LES BIENS IMMEUBLES PAR L'OBJET AUXQUELS ILS S'APPLIQUENT

Cette notion est plus complexe à cerner. Ce sont des droits immobiliers portant sur des biens immeubles. C'est le cas de l'usufruit (droit d'utiliser un bien et d'en tirer des revenus sans en être le propriétaire) ou des servitudes de passage.

Les biens immeubles par objet n'ayant pas de consistance physique, ils sont également qualifiés de biens immeubles incorporels.

Fiche 30

LA PORTÉE DE LA DISTINCTION ENTRE BIEN MEUBLE ET BIEN IMMEUBLE

La distinction entre biens meubles et biens immeubles emporte plusieurs conséquences juridiques importantes sur la procédure utilisée ainsi que sur le bien proprement dit.

I. LES CONSÉQUENCES SUR LA PROCÉDURE APPLICABLE

A. Les juridictions compétentes

1. Bien meuble

En cas de litige portant sur un bien meuble, le tribunal compétent sera celui du lieu du domicile du défendeur (personne contre laquelle une action en justice est engagée).

2. Bien immeuble

S'il s'agit d'un bien immeuble, la juridiction compétente est celle du lieu où est implanté le bien.

B. Les moyens de preuve utilisés

1. Bien meuble

La preuve de la propriété d'un bien meuble se fait par tous moyens. En outre, le simple fait d'être en possession de ce bien est une présomption de propriété selon des dispositions de l'article 2276 du code civil (« *en fait de meubles, la possession vaut titre [de propriété]* »).

2. Bien immeuble

Pour les biens immeubles, la preuve ne peut être rapportée que par un écrit comme le titre de propriété. Cet acte authentique, établi par le notaire, est qualifié d'acte « instrumentaire » (du latin *instrumentum* pour « instrument de preuve »).

II. LES CONSÉQUENCES SUR LE BIEN PROPREMENT DIT

A. Lorsque le bien est vendu

1. Bien meuble

La vente d'un bien meuble n'est assortie d'aucune formalité particulière et s'effectue selon les règles classiques des contrats. En application de l'article 1341 du code civil, un contrat doit être passé par écrit si la valeur du bien dépasse 1 500 euros.

2. Bien immeuble

La vente d'un bien immeuble est plus contraignante. La cession doit obligatoirement être passée par acte authentique (acte notarié) et s'accompagne du versement de droits de mutation (les « frais de notaire »).

B. Lorsque des sûretés sont mises en place

Une sûreté est une mesure de protection que prend un créancier afin d'obtenir le paiement de sa créance en cas de défaillance du débiteur.

1. Bien meuble

Lorsqu'un bien meuble est apporté en garantie, le créancier bénéficie d'un droit de gage qui entraîne la dépossession du débiteur de son bien. Par exemple, lorsque l'on dépose des objets au Mont-de-Piété pour obtenir une somme d'argent, tant que la somme n'a pas été restituée, l'établissement conserve les biens.

2. Bien immeuble

Dans le cas d'un bien immeuble, le créancier (banque ayant accordé le prêt) prend une hypothèque sans toutefois – et fort heureusement – priver l'acheteur du bien immobilier qu'il a récemment acquis.

PARTIE II

LE DROIT EN TANT QUE RÈGLES : LE DROIT OBJECTIF

Le droit objectif est la norme juridique obligatoire quelle que soit sa forme. L'adjectif « objectif » signifie que les règles sont destinées aux justiciables dans leur ensemble, sans qu'un sujet de droit (personne physique ou morale) ne soit visé de manière particulière.

TITRE I

SOURCES DU DROIT

Fiche 31

LA NOTION DE LOI

I. LE CONTENU DE LA LOI

A. Les caractéristiques générales

1. Une portée obligatoire

Votée par les députés et les sénateurs, représentants élus des citoyens, la loi est l'expression de la souveraineté populaire. La loi est également la traduction de la volonté générale: elle édicte unilatéralement des prescriptions juridiques impératives et d'application permanente.

2. Des formes multiples

Le droit français comprend plusieurs types de lois d'importance décroissante:

- les lois constitutionnelles sont celles qui modifient la Constitution au terme d'une procédure précise (article 89);
- les lois référendaires adoptées par référendum (et non par le Parlement) en application de l'article 11 de la Constitution;
- les lois organiques qui précisent ou complètent la Constitution dans le domaine de l'organisation ou du fonctionnement des pouvoirs publics;
- les lois ordinaires d'initiative gouvernementale ou parlementaire.

B. Les domaines spécifiques

On trouve trois autres catégories de lois spécifiques quant à leur objet:

- les lois de finances (budget de l'État) et les lois de financement de la Sécurité sociale;
- les lois de programmation (par exemple dans le domaine militaire) conformément à l'article 34 de la Constitution;
- les lois ratifiant les traités internationaux (de commerce, de paix, relatifs à une organisation internationale...) prévus par l'article 53 de la Constitution.

C. Précision importante

Le langage juridique est précis. On entend ou on lit parfois: « la loi stipule que... ». Cela n'est pas une formulation exacte car elle renvoie à la « stipulation pour autrui » qui est une convention particulière prévue à l'article 1121 du code civil.

Pour stipuler, il faut deux parties: or la loi s'impose unilatéralement de manière autoritaire, générale et impersonnelle.

On mentionnera donc: « la loi dispose », « la loi précise », « la loi énonce » ou, plus simplement, « la loi dit ».

II. LA VALEUR DE LA LOI

A. Le principe de légalité

L'ordre juridique français comprend une grande diversité de normes de valeurs différentes. En application du principe de légalité, l'administration doit se soumettre au droit: chaque norme doit respecter celles ayant un niveau supérieur et ne pas les contredire. Dans le cas contraire, elles seraient censurées (soit déclarées inconstitutionnelles, soit annulées par le juge).

B. La hiérarchie des normes

1. En droit interne

La hiérarchie des normes emporte trois conséquences importantes en droit interne:

- les anciennes normes inférieures contraires à de nouvelles normes supérieures doivent être abrogées;

- les nouvelles normes doivent respecter le contenu des textes ayant un rang plus élevé, même s'ils sont plus anciens;
- en cas de contradiction entre deux textes de même valeur sur un aspect précis, le plus récent prévaudra pour permettre de régler le conflit de norme.

2. En droit international

a) Principe

La hiérarchie des normes est également présente en droit international puisqu'elle donne un rang particulier aux traités. Les traités internationaux se définissent comme des engagements entre plusieurs États ou entre États et organisations internationales (ONU, OTAN, OMC...) dans différents domaines (santé, commerce, défense, coopération...). En application des dispositions de l'article 55 de la Constitution, « *les traités (...) ont, dès leur publication, une autorité supérieure à celle des lois* ».

b) Conséquence

Il en résulte que si un traité contient certaines dispositions contraires à la Constitution, il ne pourra être ratifié qu'après révision de celle-ci. Cette situation s'est produite en 1992 (pour le traité de Maastricht) ou en 2008 (traité de Lisbonne). De la même manière, les lois antérieures non conformes à un engagement international devront être soit abrogées, soit modifiées.

III. L'ÉGALITÉ DEVANT LA LOI

A. Le principe d'isonomie

1. Définition

L'isonomie est l'égalité des citoyens devant la loi : chaque individu est assujetti aux mêmes règles. Ce principe ancien a été établi au cours de l'Antiquité. Aux côtés de l'iségorie (droit à la parole publique) et de l'isocratie (égal accès au pouvoir politique), il s'agissait d'une règle essentielle de fonctionnement de la démocratie athénienne.

2. Illustration

Le principe d'égalité des citoyens devant la loi figure explicitement dans la Déclaration des droits de l'Homme et du citoyen (1789). L'article 6 énonce : « *[la loi] doit être la même pour tous, soit qu'elle protège, soit qu'elle punisse* ».

L'isonomie apparaît également dans la Déclaration universelle des droits de l'Homme (1948) : « *tous [les citoyens] sont égaux devant la loi et ont droit sans distinction à une égale protection de la loi* » (article 7).

B. La portée du principe d'isonomie

L'isonomie est la conséquence du caractère impératif des lois qui s'imposent de manière autoritaire (unilatéralement). Pour cette raison, il serait incontestablement injuste que tous les citoyens ne soient pas assujettis aux mêmes règles, voire que certains soient traités plus favorablement par d'autres textes. Cette situation qui avait prévalu sous l'Ancien Régime avait montré ses limites : le droit était arbitrairement appliqué et générait des inégalités de traitement entre justiciables. Paradoxalement, alors qu'il devait arbitrer, résoudre les litiges et apaiser, il était devenu une source de conflits...

Fiche 32

LE DOMAINE DE LA LOI

L'activité des pouvoirs exécutif et législatif fait l'objet de contrôles afin de s'assurer qu'aucun des deux n'empiète sur le domaine de l'autre.

I. LE CHAMP DE COMPÉTENCE INITIAL

L'article 34 de la Constitution définit de manière exhaustive ce qui relève du domaine de la loi, donc de la compétence exclusive du Parlement. On parle d'un « domaine réservé » qui comprend :

- les droits civiques et les garanties fondamentales accordées aux citoyens pour l'exercice des libertés publiques ;
- la liberté, le pluralisme et l'indépendance des médias ;
- la nationalité, l'état et la capacité des personnes, les régimes matrimoniaux, les successions et les libéralités ;
- la détermination des crimes et délits ainsi que les peines qui leur sont applicables ; la procédure pénale ; l'amnistie ; la création de nouveaux ordres de juridiction et le statut des magistrats ;
- l'assiette, le taux et les modalités de recouvrement des impositions de toutes natures ; le régime d'émission de la monnaie ;
- le régime électoral des assemblées parlementaires, des assemblées locales et des instances représentatives des Français établis hors de France ;
- les conditions d'exercice des mandats électoraux et des fonctions électives des membres des assemblées délibérantes des collectivités territoriales ;
- la création de catégories d'établissements publics ;
- les garanties fondamentales accordées aux fonctionnaires civils et militaires de l'État ;
- les nationalisations d'entreprises et les transferts de propriété d'entreprises du secteur public au secteur privé.

II. L'ÉLARGISSEMENT DU CHAMP DE COMPÉTENCE INITIAL

Le domaine réservé de la loi a été élargi au-delà de l'article 34. C'est par exemple le cas de la Charte de l'environnement (2004) qui a prévu de recourir à la loi dans plusieurs cas :

- la prévention des atteintes portées à l'environnement ou, à défaut, la limitation de leurs conséquences (article 3 de la charte) ;
- la réparation des dommages causés à l'environnement (article 4) ;
- l'accès aux informations relatives à l'environnement, détenues par les autorités publiques (article 7) ;
- la participation à l'élaboration des décisions publiques ayant une incidence sur l'environnement (article 7).

III. LE RÔLE DU CONSEIL CONSTITUTIONNEL

A. La reconnaissance du caractère réglementaire

Le Conseil constitutionnel peut déclarer *a posteriori* réglementaires certains textes qui à l'origine étaient des lois. Cette faculté figure à l'article 37 alinéa 2 de la Constitution : « *les textes de forme législative (...) peuvent être modifiés par décrets (...) si le Conseil constitutionnel a déclaré qu'ils ont un caractère réglementaire (...)* ». L'intérêt de cette mesure est de simplifier l'évolution des textes. Elle permet au gouvernement, dans l'exercice de son pouvoir réglementaire, de les modifier par décrets ce qui est à la fois plus facile et plus rapide.

B. L'élargissement des pouvoirs du Parlement

Dans les décisions qu'il a rendues, le Conseil constitutionnel a considéré que d'autres articles de la Constitution étendaient la compétence du Parlement, donc élargissaient le domaine d'activité réservé du pouvoir législatif. C'est le cas :

- de la déclaration de guerre (article 35) ;
- de la prorogation de l'état de siège (article 36) ;
- de la ratification de certains traités internationaux (article 53) ;
- des compétences propres reconnues aux collectivités territoriales (articles 72 à 74).

Fiche 33

LA FORCE OBLIGATOIRE DE LA LOI

I. L'ENTRÉE EN VIGUEUR DE LA LOI

L'entrée en vigueur de la loi est soumise à deux exigences cumulatives : la promulgation et la publication de la loi.

A. La promulgation

1. Principe

En application de l'article 10 de la Constitution, le président de la République « *promulgue les lois dans les quinze jours qui suivent la transmission au Gouvernement de la loi définitivement adoptée* ». Toutefois, ce délai est suspendu en cas de saisine du Conseil constitutionnel.

2. Conséquence

La promulgation de la loi lui donne une existence officielle et la fait entrer dans le corps des normes juridiques. C'est l'aboutissement de la procédure législative. Le caractère exécutoire de la loi repose cependant sur une seconde condition : la publication du texte.

B. La publication

1. Principe

La publication s'effectue par l'intermédiaire du *Journal officiel*. Le texte voté par le Parlement (éventuellement modifié à la suite de la saisine du Conseil constitutionnel) est fidèlement retranscrit puis publié sous une forme dématérialisée. La publication est un élément déterminant puisqu'elle marque le début du caractère exécutoire des lois qui seront exécutées comme lois de l'État dès le lendemain de leur publication.

2. Dérogations

Dans certains cas, l'entrée en vigueur des lois peut être immédiate (c'est-à-dire sans attendre le lendemain de la publication). Cette situation s'est produite lors de la prolongation de l'état d'urgence (loi du 20 novembre 2015) dont le dernier article prévoyait qu'elle entrait en vigueur immédiatement.

Dans d'autres situations, l'application des lois peut être décalée, soit à une date que le texte fixe lui-même, soit dans l'attente de la parution du décret d'application correspondant.

II. L'ABROGATION DE LA LOI

A. Le contexte

1. La loi face au temps

Une loi (mais c'est aussi vrai pour d'autres textes, comme les décrets) reste applicable même si elle n'a pas été appliquée depuis une longue période et alors même que ses dispositions seraient tombées en désuétude. Seule l'abrogation d'une règle de droit (loi ou décret) entraîne sa disparition du référentiel juridique applicable. Dans ce cas, la règle abrogée ne pourra plus être utilisée car elle n'existe plus.

2. Le parallélisme des formes

L'abrogation d'une règle de droit implique un texte de rang identique : une loi ne peut être abrogée que par une loi ; un décret abroge un ancien décret. C'est ce que l'on appelle le « parallélisme des formes ».

B. Les deux formes d'abrogation

L'abrogation est soit expresse, soit tacite. Elle n'est jamais rétroactive et ne porte que sur les droits susceptibles de naître.

1. Abrogation expresse

L'abrogation est expresse lorsque le nouveau texte contient un article prévoyant explicitement que l'ancien sera abrogé. C'est donc l'autorité à l'initiative du texte (Parlement pour une loi ou gouvernement pour un décret) qui décide de l'abrogation.

2. Abrogation tacite

On parle d'abrogation tacite lorsque le nouveau texte contient des dispositions incompatibles avec le précédent. Il appartient au juge qui constate cette situation de statuer sur l'abrogation de l'ancienne règle de droit. Les autres dispositions non contredites par le nouveau texte demeureront applicables.

Fiche 34

LA FORCE VARIABLE DE LA LOI

I. LES LOIS IMPÉRATIVES

A. Le concept de loi impérative

1. Une portée générale et absolue

Une loi impérative est une loi à laquelle on ne peut déroger en aucune circonstance. Elle s'impose à tous et toutes les manifestations individuelles de volonté qui lui seraient contraires (par exemple des conventions ou des accords spécifiques) seraient nulles.

2. Une force justifiée par des motifs d'ordre public

Les lois impératives concernent les intérêts fondamentaux de l'État et de la société connus sous le terme « ordre public ». La notion a été initialement définie par la loi du 5 avril 1884. Elle a été ensuite reprise à l'article L. 2212-2 du code général des collectivités territoriales : l'ordre public a « *pour objet d'assurer le bon ordre, la sûreté, la sécurité et la salubrité publiques* ».

L'article 6 du code civil confirme l'autorité absolue des lois impératives en énonçant que l'on ne peut déroger « *par des conventions particulières, aux lois qui intéressent l'ordre public et les bonnes mœurs* ».

B. La portée juridique

1. Principe

Les lois impératives s'appliquent *ab initio* sur les sujets de droit, c'est-à-dire immédiatement, dès le début de leur entrée en vigueur. Elles sont généralement rédigées de manière à faire clairement apparaître l'interdiction de toute dérogation aux principes qu'elles posent.

2. Exemples

Un premier exemple de dispositions impératives concerne les règles du code civil relatives au respect du corps humain. Elles s'achèvent par l'article 16-9 qui énonce que « *les dispositions du présent chapitre sont d'ordre public* ».

Il en est de même des rapports entre bailleurs et locataires tels qu'ils sont régis par la loi du 6 juillet 1989 tendant à améliorer les rapports locatifs. L'article 2 du texte précise de manière identique que « *les dispositions du présent titre sont d'ordre public* ».

II. LES LOIS SUPPLÉTIVES

A. Le concept de loi supplétive

Contrairement aux lois impératives, les lois supplétives ne s'appliquent sur les sujets de droit que de manière résiduelle et uniquement s'ils n'en ont pas décidé autrement par des dispositions particulières. Ces lois (qui ont une force moins importante) suppléent à la volonté des parties.

B. Les exemples de lois supplétives

La durée du bail de location d'un logement est au minimum de trois années. Toutefois, le bailleur (propriétaire) peut très bien convenir avec le preneur (locataire) une durée plus longue, fixée par exemple pour quatre années. Cette mention figurera en toutes lettres dans le contrat de location.

De la même façon, à défaut de contrat passé par acte notarié pour un mariage sous le régime de la séparation de biens, le code civil prévoit que les époux seront automatiquement unis selon les règles de la communauté réduite aux acquêts, sans qu'ils n'aient besoin de se manifester, ni d'en faire explicitement la demande.

Fiche 35 — LA NOTION DE JURISPRUDENCE

I. LE CONTENU ET LA PORTÉE DE LA JURISPRUDENCE

A. Le contenu de la jurisprudence

1. Terminologie

La jurisprudence est un terme d'origine latine : *jus, juris* (« droit, autorité ») ; *prudentia* (« science, connaissance, savoir »). Au sens large, elle se définit comme l'ensemble des décisions de justice rendues par les juridictions (c'est *la* jurisprudence). Au sens étroit, elle illustre concrètement la façon dont les tribunaux appliquent et interprètent les lois, à un moment donné, sur une question particulière ou un cas d'espèce (c'est *une* jurisprudence).

2. Rôle

La jurisprudence est un élément important de la formation du droit. Elle témoigne de son caractère vivant et de sa constante évolution. Si un conflit identique ou ressemblant était à nouveau soumis à un même tribunal, elle permettrait d'orienter la décision des juges. Elle ne s'imposerait pas à eux (puisqu'ils demeurent souverains dans l'appréciation des faits) mais elle leur servirait de référence pour conforter leur opinion et rendre plus facilement leur jugement.

B. La portée de la jurisprudence

L'importance accordée à la jurisprudence est variable selon les systèmes juridiques. Dans les pays de droit écrit (et anciennement de droit romain), elle n'est qu'une source secondaire. Au contraire, dans les pays de *common law* (essentiellement les pays du *Commonwealth*), son influence est déterminante. Ainsi, les juges de niveau inférieur sont liés par les décisions rendues par les cours supérieures : ils ne peuvent s'en écarter ni, *a fortiori*, les contredire (c'est la « règle du précédent »).

II. LA FORMATION DE LA JURISPRUDENCE

L'élaboration de la jurisprudence suit plusieurs règles informelles. Celles-ci sont néanmoins importantes pour permettre à la jurisprudence de remplir son double drôle d'application et d'interprétation du droit.

A. La jurisprudence et le temps

La jurisprudence se constitue dans la durée. Il ne suffit pas qu'une juridiction statue dans un sens, sur un cas d'espèce, pour « faire jurisprudence ». La décision des juges doit être ensuite reprise à l'identique par d'autres formations de jugement de la même juridiction (plusieurs chambres d'un même tribunal de grande instance par exemple), puis étendue à d'autres tribunaux, de manière continue et analogue.

B. La jurisprudence et les juridictions

Ce sont les juridictions (par extension les «tribunaux») qui créent la jurisprudence. Étymologiquement, le terme «juridiction» est issu du latin *jurisdictio* qui signifie «action de dire ce qui est juste» ou, plus largement, «action de dire le droit».

La jurisprudence a un rôle d'autant plus solide qu'elle est issue d'une juridiction importante. Ainsi, le jugement d'un tribunal d'instance sera beaucoup moins porteur de sens qu'un arrêt rendu par la Cour de cassation. Il en va de même dans l'ordre administratif.

C. La jurisprudence et la terminologie juridique

La force de la jurisprudence dépend beaucoup des termes utilisés par les juges pour rendre leur décision.

1. Des décisions d'espèce

Les jugements ou les arrêts sont le plus souvent qualifiés «d'espèce». Ils sont généralement rendus par les juridictions du premier degré ainsi que par les cours d'appel. Leur portée est faible et leurs conséquences demeureront circonscrites aux faits de l'affaire examinée.

2. Des décisions de principe

On trouve plus rarement des décisions dites «de principe» qui, par leur formulation, indiquent de manière directive la façon dont le litige a été tranché et dont il devrait l'être à l'avenir. C'est un «signe» envoyé aux juridictions inférieures qui les invite à adopter le même raisonnement au risque, dans le cas contraire, d'être censurées au niveau d'un appel ou d'un pourvoi en cassation.

Les décisions de principes sont donc des références juridiques rendues par les deux plus hautes juridictions françaises (Conseil d'État et Cour de cassation). Mais celles-ci ne font toutefois qu'orienter l'analyse des juges des premier et second degrés puisqu'il n'existe pas en France de règle du précédent, contrairement aux pays de *common law*.

Fiche 36

L'ENVIRONNEMENT JURIDIQUE DE LA JURISPRUDENCE

I. LA MOTIVATION DES DÉCISIONS DE JUSTICE

A. Le principe

La motivation des décisions de justice est un principe commun au droit privé et au droit public.

1. En droit privé

a) Dans le domaine civil

Les décisions de justice doivent être motivées: le juge doit expliquer en fait et en droit les raisons qui l'ont conduit à rendre sa décision. C'est ce qu'énonce l'article 455 du code de procédure civile: « *le jugement doit exposer succinctement les prétentions respectives des parties (...); [il] doit être motivé* ».

b) Dans le domaine pénal

Il en va de même dans le domaine pénal: « *tout jugement doit contenir des motifs et un dispositif; les motifs constituent la base de la décision* » (article 485 du code de procédure pénale). Les arrêts rendus par les cours d'assises font seuls exception: ils ne sont pas motivés car les jurés n'ont pas à justifier leur intime conviction.

2. En droit public

C'est la même situation en droit public où l'administration est tenue de motiver ses décisions individuelles (sanction prononcée à l'encontre d'un fonctionnaire, refus d'une autorisation d'urbanisme, expulsion d'un étranger en situation illégale...). En matière juridictionnelle, le code de justice administrative qui régit l'organisation et le fonctionnement des juridictions énonce que « *les jugements [doivent être] motivés* » (article L. 9).

B. Les justifications du principe

Quatre raisons justifient l'obligation de motivation:

- elle garantit la qualité du raisonnement juridique en prévenant les éventuelles contradictions;
- elle est un rempart contre l'arbitraire et assure aux justiciables que leurs arguments ont été examinés avec sérieux et impartialité;
- elle permet aux juridictions supérieures (en cas d'appel ou de pourvoi en cassation) de vérifier la façon dont les juges précédents ont statué;
- elle favorise l'intelligibilité du droit et la bonne compréhension de la décision par les justiciables.

II. L'UNIFICATION DE LA JURISPRUDENCE

Ce sont aux deux plus hautes juridictions en droit français (Conseil d'État et Cour de cassation) qu'il incombe d'assurer l'unification de la jurisprudence.

A. La formation d'une jurisprudence constante

Lorsque des juges, pour des cas identiques, rendent de manière répétitive des jugements ou des arrêts analogues, on dit qu'ils statuent selon une « jurisprudence constante ». En d'autres termes, leur position identique doit s'inscrire dans la durée et il ne suffit pas d'une seule décision pour « faire jurisprudence ». On admet en pratique qu'il faut au moins deux arrêts concordants de la Cour de cassation ou du Conseil d'État pour pouvoir qualifier la jurisprudence de « constante ».

B. L'invocation d'une jurisprudence constante

Le fait d'invoquer une jurisprudence constante dans une procédure est un moyen d'avoir gain de cause. Mais si cet argument juridique est envisageable, il demeurera toujours précaire car les juges français ne sont pas tenus par la règle du précédent. Ils ne sont donc liés en aucune façon aux décisions rendues antérieurement.

III. LES REVIREMENTS DE JURISPRUDENCE

A. La notion de revirement de jurisprudence

1. Contexte

Les juges peuvent parfois décider de briser une jurisprudence constante en décidant d'une solution différente (voire opposée) ; cela constitue alors un « revirement de jurisprudence ».

2. Difficultés

Les revirements de jurisprudence posent une sérieuse question liée à la rétroactivité de la base juridique selon laquelle le litige est réglé. Par nature, une décision de justice est rétroactive puisqu'elle porte sur des faits antérieurs. Le principe de non-rétroactivité des lois impose au juge de statuer en fonction de la loi en vigueur à l'époque des faits. Mais en cas de revirement de jurisprudence, le juge va juger des faits non seulement passés, mais en fonction d'une nouvelle règle de droit.

Les revirements de jurisprudence accentuent donc cet effet rétroactif. Ils font l'objet de virulentes critiques qui font valoir qu'une telle situation porte une atteinte au droit au procès équitable dont doivent bénéficier tous les justiciables.

B. La position de la Cour de cassation

1. Principe retenu

Saisie de cette question, la chambre commerciale de la Cour de cassation a rendu un important arrêt le 12 novembre 2008. Selon la haute juridiction, « *la sécurité juridique invoquée sur le fondement du droit à un procès équitable (...) ne saurait consacrer un droit acquis à une jurisprudence figée, l'évolution de la jurisprudence relevant de l'office du juge dans l'application du droit* ».

Trois conséquences peuvent être tirées de cette décision :

- la sécurité juridique ne repose pas sur une jurisprudence figée : elle est garantie même si la jurisprudence évolue ;
- les revirements de jurisprudence ne portent pas atteinte au droit au procès équitable ;
- ils sont la conséquence directe du pouvoir souverain d'appréciation du juge et de l'interprétation qu'il fait du droit applicable.

2. Exemple pratique

Depuis 2005, les activités d'élevage, de préparation et d'entraînement de chevaux sont considérées comme agricoles (article L. 311-1 du code rural). Les conséquences de cette qualification sont importantes, parce qu'elle permet de bénéficier du statut plus avantageux des baux ruraux.

En 2009, la Cour de cassation avait estimé que la simple activité de gardiennage de chevaux n'entrait pas dans la classification des activités agricoles prévues par la loi. En 2015, elle a reconsidéré sa position (là est le revirement de jurisprudence), en décidant que l'activité de promenade à dos de cheval, âne et poney devait finalement être reconnue comme une activité agricole.

Fiche 37 LES RÈGLES DE LA JURISPRUDENCE

La jurisprudence doit suivre trois règles.

I. L'INTERDICTION DE CRÉER LA LOI

A. Le principe

L'article 5 du code civil énonce qu'il est « *défendu aux juges de prononcer par voie de disposition générale et réglementaire sur les causes qui leur sont soumises* ». Cette interdiction est connue sous l'expression « prohibition des arrêts de règlement ».

Un arrêt de règlement est une décision d'une juridiction qui contient une prescription de portée générale et impersonnelle, comparable à une disposition législative.

B. La justification du principe

Le fondement de l'interdiction de décider « *par voie de disposition générale et réglementaire* » est le principe de séparation des pouvoirs (article 16 de la Déclaration des droits de l'Homme et du citoyen). En effet, on ne peut accepter que le juge empiète sur la fonction législative, seule en mesure d'édicter des lois.

L'interdiction des arrêts de règlement s'applique à tout juge : judiciaire (civil et pénal), administratif, constitutionnel et financier (Cour des comptes et chambres régionales et territoriales des comptes).

II. L'OBLIGATION D'APPLIQUER LA LOI

Selon l'article 4 du code civil, « *le juge qui refusera de juger, sous prétexte du silence, de l'obscurité ou de l'insuffisance de la loi, pourra être poursuivi comme coupable de déni de justice* ».

A. Le silence et insuffisance de la loi

1. Une situation fréquente

Le silence ou l'insuffisance de la loi sont certainement les plus mauvais arguments à invoquer pour refuser de rendre justice. D'ailleurs, ils peuvent être assez facilement contournés. Il n'est pas anormal qu'une loi soit muette : elle ne peut tout prévoir et elle n'a pas vocation à tout régir.

Il ne faut pas non plus oublier que ce que la loi n'interdit pas est *a priori* autorisé, comme le rappelle l'article 5 de la Déclaration des droits de l'Homme et du citoyen: « *tout ce qui n'est pas défendu par la Loi ne peut être empêché et nul ne peut être contraint à faire ce qu'elle n'ordonne pas* ». Comme l'écrivait Montesquieu (*De l'esprit des lois*), « *les juges (...) sont (...) la bouche qui prononce les paroles de la loi* ». C'est donc à eux de la « faire parler »...

2. Le recours à la jurisprudence, aux usages et aux coutumes

On sait que les sources du droit sont multiples. Qu'il s'agisse de la jurisprudence, des usages ou de la coutume, tous peuvent aider les juges à rendre leur décision. Ainsi, par exemple dans le domaine contractuel, l'article 1135 du code civil invite explicitement le juge à recourir aux usages en vigueur ainsi qu'à l'équité: « *les conventions obligent non seulement à ce qui y est exprimé, mais encore à toutes les suites que l'équité, l'usage ou la loi donnent à l'obligation d'après sa nature* ».

3. Le recours à l'équité

L'équité est un concept aux contours mal cernés. Il appelle cependant à rendre des décisions raisonnables. En statuant « *ex æquo et bono* », le juge rend une forme de justice naturelle, spontanée, de bon sens. L'équité se distingue de l'égalité dont l'application aboutit à un traitement identique des parties au litige. Au nom de l'équité, le juge peut donc maintenir un déséquilibre et entériner une situation inégalitaire s'il l'estime juste.

B. L'obscurité de la loi

Une loi « obscure » qui prête par exemple à des sens différents sera interprétée par le juge en vertu de son pouvoir souverain d'appréciation.

1. Le pouvoir d'appréciation en droit privé

On retrouve celui-ci notamment en droit des contrats:

- pour la recherche de la commune intention des parties: article 1156 du code civil (« *on doit dans les conventions rechercher quelle a été la commune intention des parties contractantes, plutôt que de s'arrêter au sens littéral des termes* »);
- pour la recherche des conséquences juridiques d'une clause: article 1157 du code civil (« *lorsqu'une clause est susceptible de deux sens, on doit plutôt l'entendre dans celui avec lequel elle peut avoir quelque effet, que dans le sens avec lequel elle n'en pourrait produire aucun* »).

2. Le pouvoir d'appréciation en droit public

Le pouvoir souverain d'appréciation du juge est également présent en droit public par l'existence du contentieux de l'interprétation et de l'appréciation de la légalité. Il s'agit généralement de questions posées par le juge judiciaire (on parle de « questions préjudicielles ») au juge administratif afin de connaître le sens à donner à un acte juridique ou de statuer sur sa conformité aux règles de droit. Toutefois, même s'il conclut à l'illégalité de l'acte, le juge administratif ne pourra en prononcer l'annulation.

3. Le contrôle du juge par ses pairs

Il faut enfin ajouter que si le refus de juger pouvait s'expliquer par une appréhension de commettre une erreur, le principe du double degré de juridiction (appel) et la possibilité de se pourvoir en cassation garantiraient non seulement la bonne qualification juridique des faits mais aussi l'application rigoureuse de la loi. La crainte de se tromper n'a donc aucune raison d'être : elle ne pourra jamais être valablement avancée pour justifier de ne pas statuer.

C. La pénalisation du déni de justice

1. Illustration

Par extension, indépendamment des motifs figurant à l'article 4 du code civil (silence, obscurité ou insuffisance de la loi), la volonté délibérée de ne pas statuer constitue une infraction pénale. Ce serait par exemple le cas d'un magistrat qui, après en avoir reçu l'ordre, refuserait d'exécuter des actes d'instruction, de siéger lors d'un délibéré ou de signer un jugement.

2. Peine encourue

La peine pénale encourue prévue à l'article L. 434-7-1 du code pénal est sévère et s'accompagne également d'une interdiction d'exercice de toute fonction publique : « *le fait, par un magistrat, toute autre personne siégeant dans une formation juridictionnelle ou toute autorité administrative, de dénier de rendre la justice après en avoir été requis et de persévérer dans son déni après avertissement ou injonction de ses supérieurs est puni de 7 500 euros d'amende et de l'interdiction de l'exercice des fonctions publiques pour une durée de cinq à vingt ans* ».

III. L'OBLIGATION D'ADAPTATION

A. Un environnement en constante évolution

L'une des fonctions du juge est de s'adapter aux situations qui lui sont soumises et à son environnement. Il doit appliquer les lois en vigueur, être constamment attentif aux évolutions de la jurisprudence et intégrer les évolutions sociales et technologiques dans son raisonnement.

B. L'exemple des techniques d'information et de communication

Avec la généralisation des techniques d'information et de communication, des interrogations légitimes sont progressivement apparues. À titre d'exemples :

- même si le code civil n'a jamais défini la notion d'écrit, un contrat scanné, envoyé par mail, signé de manière électronique, est-il considéré comme un écrit ?
- comment s'assurer que l'identité des parties au contrat n'a pas été abusivement utilisée (fonction « copier-coller » des fichiers image de leur signature) ?

- l'échange informatique par messagerie établit-il l'échange des consentements ?
- comment rapporter la preuve d'un contrat électronique si celui-ci a malencontreusement été détruit (effacement de message et nettoyage automatique de la corbeille) ?
- comment garantir la conservation des contrats électroniques (durée de vie des disques durs et des serveurs, nécessité de pouvoir y accéder rapidement en cas de litige, archivage d'autant plus complexe que le nombre de contrats peut être important...) ?

La réponse du législateur à ces questions était très attendue. C'est chose faite avec la loi du 13 mars 2000 qui modifie de nombreuses dispositions du code civil, essentiellement dans le domaine de la preuve des actes juridiques et de la signature électronique.

Fiche 38

LA JURISPRUDENCE ET L'INTERPRÉTATION DE LA LOI

Deux grandes méthodes d'interprétation du droit sont étroitement liées à la jurisprudence.

I. LA MÉTHODE EXÉGÉTIQUE

A. La technique

Il s'agit d'une méthode d'interprétation du droit née au XIXe siècle. Elle se fonde sur l'exégèse (du grec ancien *exegesis* ou « explication ») des textes. Les partisans de la méthode exégétique (Charles Aubry, Frédéric-Charles Rau, Charles Demolombe...) recherchent les intentions du législateur à partir des travaux préparatoires, des débats parlementaires ou du contexte dans lequel les lois ont été élaborées.

B. Les critiques

1. Des préoccupations décalées

La méthode exégétique s'est d'abord heurtée à une critique de bon sens. Face à un texte ancien, l'analyse de la motivation initiale des rédacteurs d'une loi est inutile. Les préoccupations qui ont évolué risquent d'être fortement décalées par rapport aux enjeux actuels.

2. Une interprétation compliquée

Par ailleurs, il n'est parfois pas facile de faire l'exégèse d'un texte récent. Les débats parlementaires manquent souvent de clarté et ils ne sont pas toujours d'une grande qualité. En outre, il est rare de pouvoir clairement distinguer l'opinion individuelle de l'auteur d'un texte, bien souvent d'inspiration collégiale.

Ainsi, face à des critiques de fond, la méthode exégétique devait progressivement céder la place à une technique plus moderne d'interprétation du droit: la libre recherche scientifique.

II. LA LIBRE RECHERCHE SCIENTIFIQUE

A. La technique

Développée par François Gény (1861-1959), la libre recherche scientifique s'écarte de toute recherche de la volonté du législateur. Selon Gény, les éventuelles lacunes du droit doivent être comblées par toutes les connaissances scientifiques disponibles. L'interprétation du droit doit donc s'appuyer sur d'autres disciplines : économie, linguistique, sociologie, philosophie, histoire et même théologie.

Au fond, Gény critique des relations trop étroites entre loi et droit. Il n'est pas partisan d'une application à la lettre des textes ; il estime que le vrai sens de la loi ne peut être trouvé que grâce à l'interprétation créatrice, en se basant sur « *les voies combinées de la connaissance et de l'action* ».

B. Les critiques

Les détracteurs de Gény lui opposent que sa méthode est trop vaste, qu'elle a recours à un nombre excessif de disciplines qui ne sont pas toutes soumises aux mêmes formes de raisonnement. Le risque d'un éparpillement, malgré toute la richesse intellectuelle qui peut en résulter, rend l'analyse trop complexe. D'autant que chaque interprète a sa propre conception des faits économiques, sociologiques ou philosophiques.

La libre recherche scientifique est donc une approche excessivement subjective des éléments juridiques, par ailleurs trop globalement appréhendés.

Fiche 39

LA JURISPRUDENCE ET LE RAISONNEMENT JURIDIQUE

L'interprétation du droit repose sur des arguments d'interprétation. Ce sont des principes logiques qui servent à la démonstration : ils rendent le raisonnement juridique plus cohérent.

I. L'ARGUMENT *A PARI*

A. Le contenu de l'argument

C'est la règle la plus simple parce qu'elle est de bon sens : elle énonce que des situations comparables doivent être traitées de manière analogue. C'est la raison pour laquelle on parle aussi de l'argument « par analogie ». Les systèmes de *common law* ont quasiment tous recours à ce principe connu sous le nom de « règle du précédent ». Ainsi, face à des situations identiques, les juges seront liés par les décisions rendues antérieurement : devant des faits similaires, ils devront statuer de manière identique.

B. L'utilisation de l'argument

1. Une utilisation exclue en droit pénal

Le droit pénal exclut l'argument *a pari* de son périmètre. Il interdit en effet de prononcer des peines pour des actes commis qui ne présenteraient seulement que des similitudes avec des infractions limitativement définies et réprimées. Cette interdiction est la conséquence directe du principe de légalité des délits et des peines : les crimes, les délits et les peines qui leur sont rattachés doivent être explicitement prévus par une loi répressive d'application restrictive.

2. Une utilisation peu fréquente par ailleurs

Le système juridictionnel français raisonne rarement par analogie mais il arrive qu'il soit parfois utilisé. Il passe inaperçu parce qu'il relève souvent de l'évidence. Par exemple, une route forestière interdite aux voitures au nom de la protection de l'environnement sera, par analogie, interdite aux 4×4, quads et motos. En effet, leur impact sur le milieu naturel (faune et flore sauvages) est tout aussi important (pollution, bruit, destruction de végétaux ou d'habitats...).

II. L'ARGUMENT *A FORTIORI*

Cet argument consiste à étendre les dispositions d'un texte à une situation non prévue par celui-ci. Non seulement toutes les conditions sont réunies pour appliquer la règle de droit à ce cas imprévu, mais aussi les raisons de le faire sont encore plus fortes. Cet argument logique très fréquemment utilisé en droit se divise en deux sous-arguments.

A. «Qui interdit le moins interdit le plus»

Le premier est le sous-argument *a fortiori a minori ad majus* qui peut se résumer par «qui interdit le moins interdit le plus». On le retrouve en cas de prescription négative (interdiction). En d'autres termes, en admettant le plus petit interdit, à plus forte raison le plus grand sera admis. S'il est par exemple interdit de vendre à un mineur une bombe lacrymogène (en vente libre aux personnes majeures), il en sera *a fortiori* de même pour les armes de guerre dont la détention est interdite.

B. «Qui peut le plus peut le moins»

Le sous-argument *a fortiori a majori ad minus* s'utilise en cas de prescription positive (autorisation). Il se résume par l'adage «qui peut le plus peut le moins». Un être majeur qui accomplit des actes de disposition peut *a fortiori* effectuer des actes d'administration (et *a fortiori* des actes conservatoires).

III. L'ARGUMENT *A CONTRARIO*

En application de l'argument *a contrario*, si une règle est soumise à des conditions particulières, la règle inverse sera appliquée si ces conditions ne sont pas remplies. Par exemple, l'article 6 du code civil énonce qu'on ne peut déroger, par des conventions particulières, aux lois qui intéressent l'ordre public et les bonnes mœurs. *A contrario*, on pourra déroger par des conventions particulières aux lois qui n'intéressent pas l'ordre public ni les bonnes mœurs. C'est le cas des lois supplétives qui s'appliquent sauf disposition contraire des parties.

IV. LES MAXIMES D'INTERPRÉTATION

Il s'agit d'adages qui contiennent des règles juridiques facilitant l'application des règles de droit, lorsque leur formulation est complexe ou trop générale.

En voici quelques illustrations:

- «l'exception est d'interprétation stricte»: on ne peut pas étendre le champ d'une exception (par analogie par exemple) car elle ne doit s'appliquer que dans le cadre que la loi a prévu;
- «la loi cesse là où cessent ses motifs»: en cas de disparition de faits justifiant l'existence d'une règle de droit, celle-ci ne doit pas être appliquée;
- «l'interprète ne distingue pas là où la loi ne distingue pas»: dans l'hypothèse où un principe est énoncé de manière générale, il n'y a pas lieu d'en restreindre la portée par la création de conditions que la loi n'a pas prévues;

- « le droit spécial prime sur le droit général » : lorsqu'une règle générale existe et qu'elle est suivie d'une nouvelle règle spéciale, cette dernière s'applique mais la règle générale demeure en vigueur pour tous ses aspects non contredits par la règle spéciale ;
- « le doute profite à l'accusé » : conséquence de la présomption d'innocence, en cas d'incertitude sur la culpabilité d'un individu, il convient de l'acquitter (mieux vaut un coupable innocenté à tort qu'un innocent condamné à tort).

Fiche 40

LA NOTION DE DOCTRINE

I. LE RÔLE DE LA DOCTRINE

A. L'analyse des règles de droit

La doctrine (du latin *doctrina*: « instruction, enseignement, formation ») est constituée de toutes les opinions écrites et orales des universitaires. Son existence remonte à l'Antiquité romaine. À cette époque, d'éminents juristes (les jurisconsultes) comme Cicéron, Justinien, Julien ou Théodose faisaient autorité. Ils prenaient position sur des questions de principe et contribuaient par leurs réflexions et leurs travaux à l'évolution du droit.

La doctrine est une source indirecte du droit, issue des théoriciens et non pas des praticiens. Elle influence à la fois le législateur mais aussi la jurisprudence par son rôle d'interprétation et d'analyse des règles de droit.

B. La modernisation du système juridique

Tout au long de l'histoire, la doctrine a eu un rôle de modernisation du système juridique. En 1801, Portalis (l'un des rédacteurs du code Napoléon) va même jusqu'à considérer qu'elle contribue à l'application du droit. Dans son discours préliminaire du premier projet de code civil, il écrit que « *c'est au magistrat et au jurisconsulte, pénétrés de l'esprit général des lois, à en diriger l'application* ».

La doctrine poursuit toujours cet objectif, notamment lorsqu'elle se fait l'interprète des normes juridiques ou qu'elle crée de nouveaux concepts.

C. La diffusion des connaissances juridiques

À l'époque contemporaine, la doctrine poursuit également sa mission de transmission du savoir par les travaux qu'elle publie et les enseignements qu'elle dispense. En effet, une grande partie de la doctrine est constituée d'universitaires (les enseignants-chercheurs) qui étudient et commentent les aspects les plus techniques des règles de droit ou la portée des grandes décisions de jurisprudence.

II. LES CARACTÉRISTIQUES DE LA DOCTRINE

La doctrine présente plusieurs caractéristiques importantes qui ont des incidences directes sur le rôle qu'elle joue.

A. La doctrine et les opinions discordantes

La doctrine est partagée. Comme elle repose sur les idées personnelles d'individus, elle rencontre rarement l'unanimité. En réalité, la doctrine est souvent source de polémiques. C'est d'ailleurs sa raison d'être que d'alimenter des « controverses doctrinales ». Et le fait qu'une partie de la doctrine soit en opposition avec une autre correspond à la nature même de ce qu'elle est : une confrontation intellectuelle

B. La doctrine et les débats théoriques

Du côté du grand public, si la doctrine apparaît savante, elle demeure souvent inaccessible, compliquée et peu intelligible. Quant aux professionnels, aux « opérationnels » qui appliquent la règle de droit, ils critiquent (parfois à juste titre) son caractère excessivement conceptuel, sa vision théorique et l'absence de réponse concrète aux questions qu'ils se posent.

C. La doctrine et les innovations juridiques

Enfin, la doctrine est constamment en quête de nouveautés. Son raisonnement incessant et dynamique la pousse à vouloir innover en créant des concepts dont l'avenir dira s'ils sont censés, utiles et applicables. Cette fuite en avant occulte toutefois l'une de ses principales missions : celle d'étudier ce qui a été fait par le passé. Par cette analyse rétrospective, la doctrine doit relever les défauts, débusquer les erreurs, en identifier les raisons et proposer des solutions. En effet, les mêmes causes produisant les mêmes conséquences, il serait regrettable pour les justiciables que ces anomalies se reproduisent.

En somme, si la recherche d'innovation est indispensable dans le domaine des sciences « dures », ce rôle paraît secondaire (pour autant qu'il soit fondé) lorsqu'il concerne les sciences « molles » dont le droit fait partie.

Fiche 41

LE FONCTIONNEMENT DE LA DOCTRINE

I. LA DOCTRINE ET LE DROIT EXISTANT

A. La distinction entre droit positif et droit naturel

La doctrine joue un rôle important sur le droit existant à une époque donnée, et que l'on nomme « droit positif » (ou règles *de lege lata*). L'adjectif « positif » signifie que le droit a été établi par les hommes. Placé par eux au sein de la société, il se distingue du droit naturel issu de la nature. Le droit naturel naît spontanément du fait de la présence des individus au sein de l'humanité, mais non par leur vie commune en société. Le droit naturel est un droit inné. Contrairement au droit positif qui évolue avec le temps, le droit naturel est immuable, universellement applicable et inaliénable.

B. La doctrine et le droit positif

En droit positif, la doctrine a pour mission :

- de diffuser les principes juridiques à travers les supports écrits et les communications orales ;
- d'expliquer le contenu des textes ainsi que leur portée ;
- d'interpréter le droit tel qu'il est formulé (normes) et appliqué (jurisprudence) ;
- de systématiser le droit en dégageant les principes communs et en évaluant l'importance des revirements de jurisprudence.

II. LA DOCTRINE ET LE DROIT FUTUR

A. L'imagination du droit

Le rôle de la doctrine ne se borne pas à l'étude du droit positif. En se basant sur les principes, elle doit prendre du recul afin d'en cerner les limites. La critique du droit actuel (*de lege lata*) sert en effet à la construction du droit futur, tel qu'il est à faire, comme on l'imagine et qu'on aimerait qu'il soit (*de lege ferenda*).

B. La contribution aux débats de société

La doctrine est au cœur de l'actualité juridique. Elle aborde toutes les questions complexes qui le plus souvent divisent la société. Elle rapproche les positions et estompe les clivages. C'est par exemple le cas :

- en droit civil (règles de gestation pour autrui, d'euthanasie, de don d'organe, de thérapie génique) ;
- en droit international public (notion d'État, statut de double nationalité, condition d'extradition et d'expulsion, légalité d'une intervention militaire internationale) ;
- en droit constitutionnel (statut de l'état d'urgence, réforme des régions, cumul des mandats) ;
- en droit du travail (création d'entreprise, égalité professionnelle et discrimination, accès et accompagnement vers l'emploi) ;
- en droit administratif (création des sociétés publiques locales, économie des contrats de partenariat, accès aux archives publiques).

III. LES VECTEURS DE LA DOCTRINE

Les supports des opinions émises par la doctrine sont multiples.

A. Les supports écrits

Les supports papier sont les plus nombreux.

1. Les supports papier

a) Les traités

Les traités sont des livres de volume important. Ce sont des ouvrages « de référence », extrêmement détaillés et réservés aux spécialistes des questions qu'ils abordent.

b) Les manuels

Ce sont des livres plus concis dont le niveau de détail est moindre, mais qui prétendent à l'exhaustivité dans un domaine particulier.

c) Les ouvrages de synthèse

Il s'agit de toutes les autres formes de publication (fascicules pratiques, mémentos, *digests* abrégés et condensés, fiches résumées…).

d) Les articles isolés

Rédigés par un ou plusieurs auteurs, ils sont ensuite publiés au sein de revues périodiques. Il s'agit d'un mode d'expression moins contraignant que la rédaction d'un ouvrage, car un article est plus court à réaliser. Il présente aussi l'avantage d'alimenter les débats et de faire évoluer rapidement l'état des réflexions sur un thème donné.

2. Les supports dématérialisés

Par extension naturelle, on rattache à la forme écrite de la production de la doctrine l'ensemble des supports dématérialisés hébergés sur Internet par les innombrables sites sur Internet :

- d'universités et de centres de recherches ;

- d'enseignants-chercheurs (blogs);
- de fourniture de cours en ligne;
- de mise à disposition d'ouvrages anciens ou plus récents (http://gallica.bnf.fr)...

B. La communication orale

La communication orale est également très prisée de la doctrine. Entrent dans cette catégorie les colloques (internationaux et nationaux), les séminaires de travail, les groupes et commissions de spécialistes. Par ailleurs, s'il est admis que les cours magistraux d'amphithéâtre dispensés dans les universités appartiennent à la doctrine, la formation organisée dans le secteur privé (centre de préparation aux concours, cabinets de conseil, instituts spécialisés) en est exclue.

Fiche 42

LA NOTION DE COUTUME

Dans son sens premier, une coutume est une habitude, une pratique fréquente, souvent ancienne et reproduite par un grand nombre d'individus. Dans le domaine juridique, la coutume (ou règle coutumière) est un usage, très rarement écrit (donc non codifié), basé sur des spécificités locales et qui fait naître des obligations entre personnes l'ayant accepté.

I. LES CARACTÉRISTIQUES DE LA COUTUME

A. La double composante de la coutume

On distingue traditionnellement deux éléments indissociables constitutifs d'une coutume : le premier est matériel ; le second psychologique.

1. L'élément matériel

L'élément matériel est aussi factuel qu'objectif : il s'agit d'actes répétés, de comportements uniformes et homogènes s'appliquant sur un espace géographiquement délimité (mais pas forcément sur l'intégralité du territoire puisque les coutumes ont de fortes spécificités locales).

2. L'élément psychologique

L'élément psychologique se compose de trois aspects :

- l'*opinio juris*: croire que la coutume constitue une règle de droit ;
- l'*opinio necessitatis*: croire que la coutume constitue une règle de droit obligatoire ;
- l'*estimatio communis*: croire que la coutume constitue une règle de droit obligatoire et admise par tous de manière consensuelle.

B. La force variable de la coutume

1. Face à du droit codifié

Suivant les branches du droit, la coutume prend plus ou moins d'importance. Dans les domaines où le droit est codifié, elle est par nature moins présente car elle s'efface naturellement devant des règles de droit écrites.

2. Face à du droit non codifié

Inversement, dans les domaines où la jurisprudence joue un rôle plus important, le rôle de la coutume est réel. C'est le cas en droit international public. Ainsi, les statuts de la Cour internationale de justice (dont la mission est de régler les différends qui lui sont soumis conformément au droit international) prévoient que la Cour appliquera « *la coutume internationale comme preuve d'une pratique générale acceptée comme étant le droit* » (article 38-1).

II. LA VARIABILITÉ ET LES LIMITES DE LA COUTUME

A. La variabilité de la coutume

1. Variabilité dans le temps

Les composantes de la coutume (éléments matériel et psychologique) expliquent que sa construction s'inscrit dans la durée. Mais si l'ancienneté d'une coutume est l'une des conditions de sa force, son contenu doit aussi s'adapter (transformations économiques et sociales, comportements individuels, progrès techniques, pratiques du monde des affaires...). Une coutume est donc un subtil mélange de traditions ou d'habitudes et dont l'évolution permanente est aussi un gage de sa bonne application.

2. Variabilité dans l'espace

Il faut enfin préciser que les coutumes doivent être en vigueur sur une portion d'espace significative car elles sont marquées par une forte emprise géographique locale. Et si elles diffèrent d'une région, d'un département, voire d'une commune à l'autre, plus leur « territorialité » est vaste (zone dont elles sont issues et où elles sont en vigueur), plus on aura tendance à leur accorder de l'importance.

B. Les limites de la coutume

1. Des bases juridiques souvent fragiles

Les coutumes sont des bases juridiques fragiles, notamment devant le juge. Le fait qu'elles ne soient pas écrites (sauf cas très rares) pose la question de la preuve de leur existence. L'absence quasiment généralisée de codification et le manque d'uniformité des règles coutumières expliquent qu'elles aient finalement peu de poids dans l'ordre juridique français. Elles illustrent néanmoins les grandes étapes de la construction du droit moderne et sont autant de témoignages de ses racines historiques.

2. Des compilations de textes parfois solides

Au cours de l'histoire, plusieurs regroupements de textes coutumiers ont permis de construire des référentiels juridiques solides dans de nombreux domaines. À titre d'exemples, c'est le cas de la codification :

- de l'organisation de la justice (ordonnance de Montils-lès-Tours en 1454) ;
- du droit humanitaire (à l'initiative d'Henri Dunant en 1864) ;
- des obligations réciproques des acheteurs et des vendeurs participant à des opérations commerciales internationales (« Incoterms », contraction de *international commercial terms*) ;
- du droit de la mer (convention de Montego Bay en 1982)...

Fiche 43 LES RAPPORTS ENTRE LA COUTUME ET LA LOI

Les relations entre lois et coutumes font apparaître trois cas de figure.

I. LA LOI RENVOIE EXPRESSÉMENT À LA COUTUME (COUTUME *SECUNDUM LEGEM*)

A. Le principe

Dans certains domaines, le législateur peut renvoyer le règlement de litiges aux principes coutumiers. C'est une situation de plus en plus rare : d'abord en raison de l'inflation législative qui tend progressivement à combler les vides juridiques ; ensuite parce que le recours à la coutume demeure toujours fragile et contestable du fait des disparités régionales.

B. Les exemples

Les coutumes *secundum legem* se rencontrent encore en matière d'urbanisme (hauteur de murs, limites de propriété, hauteur d'arbres mitoyens...), en agriculture (distance entre plantations, dérivation des eaux et utilisation des ruisseaux...), et même dans le domaine contractuel pour l'interprétation des conventions. À titre d'exemples :

- l'article 645 du code civil : « *s'il s'élève une contestation entre les propriétaires auxquels [les eaux courantes] peuvent être utiles, les tribunaux (...) doivent concilier l'intérêt de l'agriculture avec le respect dû à la propriété et, dans tous les cas, les règlements particuliers et locaux sur le cours et l'usage des eaux doivent être observés* » ;
- l'article 1159 du code civil : « *ce qui est ambigu s'interprète par ce qui est d'usage dans le pays où le contrat est passé* ».

II. LA COUTUME VISE À COMBLER UNE LACUNE DE LA LOI (COUTUME *PRÆTER LEGEM*)

A. Le principe

La coutume *præter legem* comble un vide juridique en complétant une loi, sans la contredire puisque cette dernière n'a rien précisé. Par la suite, une loi pourra intégrer le contenu de la coutume dans l'ordre juridique applicable, entraînant ainsi sa disparition.

B. Les exemples

Au XIXe siècle, une coutume *præter legem* concernait les femmes mariées. Celles-ci devaient obligatoirement prendre le nom de leur mari, alors qu'aucun article du code civil ne le prévoyait initialement. Cette coutume a ensuite disparu lors des réformes ultérieures du droit de la famille.

III. LA COUTUME EST CONTRAIRE À LA LOI (COUTUME *CONTRA LEGEM*)

A. Le principe

Le principe est simple : dans l'hypothèse où une coutume est contraire à une loi impérative, elle cède naturellement devant elle. La loi impérative impose de manière générale et absolue : elle prévaut en conséquence sur les règles plus ou moins formalisées des coutumes qui formulent des règles opposées. En revanche, si la loi n'est que supplétive, les coutumes continuent de produire leurs effets.

B. Les exceptions

Il existe de nombreux exemples de dérogations à la règle de primauté de la loi impérative. Ils prouvent qu'une coutume peut continuer à exister même en présence de dispositions contraires.

1. Les donations

Une première exception concerne l'article 931 du code civil qui énonce que « *tous actes portant donation entre vifs seront passés devant notaires dans la forme ordinaire des contrats (...) sous peine de nullité* ». Or le fait de transmettre des biens (ou de l'argent) « de la main à la main » est une chose répandue (fêtes d'anniversaire, cadeaux de Noël...) sans qu'il soit heureusement nécessaire d'élaborer un acte notarié.

2. L'anatocisme

Un deuxième exemple porte sur l'article 1154 du code civil relatif à l'anatocisme. Cette pratique consiste, en cas de non-paiement des intérêts dus au titre d'un prêt, à leur faire produire eux-mêmes des intérêts. Si la loi prévoit que ces intérêts ne peuvent être capitalisés qu'une fois par an, en matière commerciale, il est d'usage de les décompter par trimestre.

3. Le droit de passage inoffensif

Un troisième exemple est le droit de passage inoffensif qui permet à des navires civils de circuler librement dans la mer territoriale d'un État côtier sans y faire escale. La Convention de Montego Bay (1982) prévoit que ce droit peut être exceptionnellement suspendu de manière temporaire. Or, la tradition suivie par les États est d'interdire toute circulation de navires de manière continue aux alentours de leurs installations portuaires militaires (arsenaux, bases aériennes proches des côtes...).

Fiche 44

LES ADAGES COUTUMIERS

I. LA NOTION D'ADAGE COUTUMIER

A. Les caractéristiques des adages

Les adages coutumiers sont de courtes phrases qui rappellent un principe juridique ou moral issu de la tradition orale ou écrite. Ils prennent souvent la forme de proverbes ou d'expressions imagées (voire familières) de manière à permettre de s'en souvenir. Les adages sont les reflets de la vie sociale de l'époque à laquelle ils sont apparus.

B. L'objectif des adages

La finalité des adages est de régler les différends. Ils ont aussi une vocation « pédagogique » : ils formulent de manière claire les règles de droit en usage afin de rappeler comment des cas analogues ont été précédemment réglés. Ils sont souvent exprimés en latin car beaucoup d'entre eux sont issus du droit romain.

II. LES PRINCIPAUX ADAGES COUTUMIERS

- « À cheval donné, on ne regarde pas les dents » : une action en garantie contre les vices cachés n'est pas recevable en cas de donation (alors qu'elle l'est dans le cas d'un contrat de vente).
- *« Actio personalis moritur cum persona »* : une action liée à la personne meurt avec elle.
- *« Actus dicitur bonus qui est conformis legi et rationi »* : un acte est dit bon lorsqu'il est conforme à la loi et à la raison.
- « Aliéné n'aliène » : une personne aux facultés mentales défaillantes ne peut pas effectuer seule d'acte de disposition.
- *« Confessio est regina probatio »* : l'aveu est la reine des preuves.
- *« Impunitum non relinqui facinus »* : un acte criminel ne doit pas demeurer impuni.
- *« Justicia omnibus »* : une même justice pour tous.
- *« Lex non promulgata non obligat »* : une loi non promulguée ne s'impose pas au justiciable.
- *« Locus regit actum »* : la forme d'un acte juridique est soumise à la loi de l'endroit où il est passé.

- « *Major pœna minorem absorbat* » : la peine la plus grave absorbe la peine la moins grave.
- « *Non bis in idem* » : l'action publique ne saurait être déclenchée deux fois contre une même personne pour les mêmes faits.
- « *Onus probandi incumbit actori* » : la charge de la preuve d'un fait incombe à celui qui l'allègue.
- « *Ubi lex non distinguit, nec nos distinguere debemus* » : il est interdit de distinguer là où la loi ne distingue pas.

TITRE II

DOMAINE D'APPLICATION DE LA RÈGLE DE DROIT

Fiche 45

LA SOUVERAINETÉ TERRITORIALE

I. LA NOTION DE TERRITOIRE

A. Le territoire pour l'État

Selon les règles du droit international public, un État existe par son territoire qui est une portion d'espace délimitée par des frontières et qui inclut aussi les espaces maritimes et aériens. Il n'existe donc pas d'État sans territoire.

B. Les territoires sans État

Il peut exister des territoires sans État. Trois exemples illustrent cette situation exceptionnelle.

1. Zomia

L'un des exemples actuels de territoire sans État est la région de Zomia, en Asie du sud-est. Cette zone est d'une superficie d'environ 2,5 millions de km^2 et accueille 100 millions de personnes.

2. Les *no man's land*

Les *no man's land* (littéralement « terres sans hommes ») sont des bandes de territoire inhabitées. On les retrouve entre deux frontières ou entre zones d'affrontement militaire (bande démilitarisée qui sépare la Corée du Nord et la Corée du Sud, construction qui sépare les Chypriotes grecs des Chypriotes turcs).

3. Les *terra nullius*

La dernière catégorie de territoires sans État sont les *terra nullius* (terres n'appartenant à personne). À la différence des *no man's land*, ces espaces peuvent être habités mais aucun État frontalier n'est en mesure de se les approprier. C'est le cas de la terre Marie Byrd située en Antarctique ou du Bir Tawil entre l'Égypte et le Soudan.

II. LA NOTION DE SOUVERAINETÉ

A. La définition de la souveraineté

La souveraineté se définit comme le pouvoir d'exercer une autorité politique de manière exclusive sur un territoire. Le pouvoir normatif qui consiste à élaborer les lois est donc un attribut essentiel de la souveraineté. Le contrôle de l'application uniforme des règles de droit ainsi que les sanctions encourues dans le cas contraire en sont les prolongements logiques.

B. La représentation de la souveraineté

1. La souveraineté selon les régimes

La souveraineté est représentée de manière différente suivant la nature constitutionnelle des régimes. Dans une monarchie, elle est incarnée par le roi (et par l'empereur dans le cas d'un empire). Dans une théocratie, elle est entre les mains du représentant de Dieu (c'est le cas de la République islamique d'Iran). Dans une république, elle repose sur le peuple qui rassemble l'ensemble des citoyens. Comme chacun ne peut s'exprimer individuellement (sans compter que les opinions des uns pourraient être contradictoires avec celles des autres), la souveraineté est confiée à des représentants élus.

2. La souveraineté et les lois

Les lois élaborées démocratiquement par le pouvoir politique ne peuvent être contraires aux intérêts du peuple. Justes par principe, elles doivent donc s'appliquer de manière générale. C'est là l'origine du principe de primauté des lois qui leur confère un rang supérieur à toutes les autres normes, hormis la Constitution.

III. LES TRANSFERTS DE SOUVERAINETÉ

A. La souveraineté et la centralisation du pouvoir

La souveraineté populaire est demeurée pendant longtemps étroitement associée aux différents représentants du pouvoir (roi, empereur, peuple).

1. Le Moyen Âge

Au Moyen Âge, le roi passe progressivement d'un suzerain à un souverain par une centralisation de l'administration et l'instauration d'une fiscalité autonome (l'impôt royal). Apparaît l'adage « *le roi est empereur en son royaume* » qui préfigure l'absolutisme du pouvoir.

2. L'absolutisme

La monarchie absolue sous Louis XIV place le roi au sommet de l'État. Le monarque se confond avec un pouvoir sans limite. Ce dernier est conféré par Dieu (il s'agit d'une monarchie de droit divin) et est transmis héréditairement. Utilisé pour faire le bien, l'exercice du pouvoir ne saurait faire l'objet de critiques.

3. La période révolutionnaire

Avec la philosophie des Lumières et la Révolution française, la souveraineté est transférée au peuple. Rousseau la considère comme indivisible et inaltérable; elle devient l'expression de la volonté générale de la nation.

4. L'époque contemporaine

Aux XIXe et au XXe siècles, la souveraineté est différemment marquée par l'influence de juristes qui forgent plusieurs conceptions de l'État:

- Hans Kelsen, à l'origine de la hiérarchie des normes, définit l'État de droit;

- Léon Duguit replace la sécurité de l'État (territoire et citoyens) au cœur de la souveraineté assurée par la puissance publique ;
- Maurice Hauriou définit les domaines d'intervention de l'État à travers le concept de service public.

B. La souveraineté et les transferts de compétences

Progressivement, l'expression de la souveraineté populaire s'est vue limitée et son périmètre en a été réduit.

1. Les prérogatives régaliennes

Des transferts de compétences sont apparus avec la création des Communautés européennes. D'un côté, l'État a conservé la majorité de ses prérogatives de puissance publique dites « régaliennes » (sécurité intérieure, défense nationale, justice, prélèvement des impôts et des taxes...). Mais l'une d'entre elles, la politique monétaire, a néanmoins dû être transférée dans le cadre de la mise en place de l'euro... D'un autre côté, l'État s'est dessaisi d'autres attributions (industrie, agriculture, politique commerciale et régime de concurrence, santé, tourisme, culture...) devenues des compétences exclusives d'institutions supranationales.

2. Le principe de subsidiarité

Tout le fonctionnement de l'Union européenne repose sur des transferts de souveraineté et des partages de compétences. C'est la conséquence du principe de subsidiarité au terme duquel les institutions européennes exercent leurs prérogatives uniquement si les États membres ne peuvent pas le faire (ou le font de manière moins satisfaisante).

Fiche 46

LE CAS DE LA ZONE ALSACE-LORRAINE

I. LE CADRE HISTORIQUE

A. La création d'un droit local

Le 28 juin 1919, la signature du traité de Versailles entre l'Allemagne et les pays alliés marque le retour de la Moselle, du Bas-Rhin et du Haut-Rhin (ensemble appelé «Alsace-Lorraine») dans le territoire de la République française.

Quelques mois après, la loi du 17 octobre 1919 établit un régime transitoire applicable à ces départements. L'article 3 du texte énonce que l'Alsace et la Lorraine continueront à être régies par les dispositions législatives et réglementaires qui y sont en vigueur, «*jusqu'à ce qu'il ait été procédé à l'introduction des lois françaises*». En conséquence, le droit local y a été maintenu sauf abrogation expresse par de nouvelles dispositions du droit général.

B. Le contenu du droit local

Le droit local applicable est à la fois composé de droit français (maintenu en vigueur après l'annexion de 1870) et de droit allemand institué entre 1870 et 1919 par les autorités allemandes. Bien que non publiées au *Journal officiel*, ces dispositions de droit allemand ont la même valeur que celles du droit français, comme le Conseil d'État l'a rappelé dans un arrêt du 6 avril 2001 (Syndicat national des enseignements du second degré).

II. LE RÉGIME JURIDIQUE APPLICABLE

A. La décision du Conseil constitutionnel

Dans sa décision n° 2011-157 QPC du 5 août 2011, le Conseil constitutionnel énonce que « *tant qu'elles n'ont pas été remplacées par les dispositions de droit commun ou harmonisées avec elles, des dispositions législatives et réglementaires particulières aux départements du Bas-Rhin, du Haut-Rhin et de la Moselle peuvent demeurer en vigueur*».

B. Les conséquences de la décision du Conseil constitutionnel

La décision du Conseil constitutionnel de 2011 emporte deux conséquences importantes.

1. Le droit local est maintenu

En premier lieu, le Conseil constitutionnel pose le principe du maintien du droit local tant que ce dernier n'a pas été remplacé par de nouvelles dispositions. Ce remplacement peut être soit intégral, soit partiel. En effet, les « *dispositions de droit commun* » auxquelles il fait référence (concrètement, des lois ou des décrets) peuvent prévoir de maintenir certaines anciennes dispositions du droit local en vigueur, sous réserve de l'exprimer de manière explicite.

2. Le droit local peut être adapté

En second lieu, le Conseil constitutionnel confirme la possibilité de remplacer ou d'adapter le droit local par des dispositions de droit commun. Ainsi, Parlement et gouvernement pourront, sur le fondement des articles 34 et 37 de la Constitution, venir à tout moment abroger (remplacer) ou modifier (harmoniser) les dispositions du droit local. Les domaines concernés sont nombreux : organisation judiciaire, cultes, établissements religieux, professions réglementées (notaires et huissiers de justice), jours fériés, repos dominical...

Fiche 47

LE CAS DES ZONES ULTRA-MARINES

I. LES DÉPARTEMENTS-RÉGIONS D'OUTRE-MER

A. La possibilité d'une adaptation du droit

La Guadeloupe, la Martinique, la Guyane, l'île de La Réunion et Mayotte sont des département-régions d'Outre-mer (DROM). Dans les DROM, les lois et règlements sont applicables de plein droit : c'est le principe de l'identité législative. Toutefois, en application de l'article 73 de la Constitution, « *ils peuvent faire l'objet d'adaptations tenant aux caractéristiques et contraintes particulières de ces collectivités* ».

B. Les conditions de l'adaptation du droit

Deux conditions doivent être réunies pour permettre l'adaptation des lois et règlements :

- les aménagements doivent avoir été prévus par le législateur (loi) ou par le gouvernement (pouvoir réglementaire) ; c'est le cas en matière de fiscalité locale, d'aménagement du territoire, d'action sanitaire et sociale... ;
- les aménagements ne peuvent intervenir pour les fonctions « régaliennes » (nationalité, droits civiques, libertés publiques, état et capacité des personnes, organisation judiciaire, droit pénal, procédure pénale, politique étrangère, de défense, de sécurité et d'ordre publics, droit électoral).

II. LES COLLECTIVITÉS D'OUTRE-MER

A. Les spécificités des collectivités d'Outre-mer

Les collectivités d'Outre-mer (COM) sont visées à l'article 74 de la Constitution : il s'agit d'entités ayant « *un statut qui tient compte des intérêts propres de chacune d'elles au sein de la République* ». Leur statut, adopté par les assemblées délibérantes respectives, doit obligatoirement prévoir les conditions dans lesquelles les lois et règlements s'y appliquent. Selon la collectivité concernée, le régime diffère : soit l'identité législative ; soit la spécialité législative.

B. Le régime de l'identité législative

Les (COM) « classiques » regroupent Saint-Barthélemy, Saint-Martin et Saint-Pierre-et-Miquelon. Comme pour les DROM, la règle est l'identité législative. Des aménagements y sont possibles dans les mêmes conditions.

C. Le régime de la spécialité législative

Les COM à régime particulier sont la Polynésie française, les îles Wallis-et-Futuna, la Nouvelle-Calédonie ainsi que les Terres australes et antarctiques françaises (TAAF). Pour ces quatre collectivités, il s'agit d'un régime de spécialité législative. Au terme de ce dernier, les lois et règlements n'y sont applicables de plein droit qu'à la condition que cette application soit expressément prévue par les textes.

Fiche 48

LA NON-RÉTROACTIVITÉ DES LOIS

I. LE PRINCIPE DE NON-RÉTROACTIVITÉ

A. L'énoncé du principe

L'article 8 de la Déclaration des droits de l'Homme et du citoyen prévoit que « *la loi ne doit établir que des peines strictement et évidemment nécessaires (...); nul ne peut être puni qu'en vertu d'une loi établie et promulguée antérieurement au délit et légalement appliquée* ». De son côté, le code civil énonce que « *la loi ne dispose que pour l'avenir; elle n'a point d'effet rétroactif* » (article 2).

B. Les conséquences du principe

En pratique, la loi s'applique donc exclusivement aux situations nées postérieurement à son entrée en vigueur. Inversement, elle n'a aucun effet sur ce qui est apparu antérieurement.

II. LES LIMITES AU PRINCIPE DE NON-RÉTROACTIVITÉ

On note trois exceptions au principe de non-rétroactivité des lois.

A. Les lois pénales plus douces

La première exception en matière de non-rétroactivité concerne le droit pénal, lorsqu'une nouvelle loi contient des dispositions plus clémentes qu'un ancien texte pour réprimer des faits identiques. C'est ce qu'énonce l'article L. 112-1 du code pénal: « *les dispositions nouvelles s'appliquent aux infractions commises avant leur entrée en vigueur et n'ayant pas donné lieu à une condamnation [définitive] lorsqu'elles sont moins sévères que les dispositions anciennes* ».

Le principe est donc d'admettre la rétroactivité des lois plus douces et d'en faire bénéficier les auteurs d'infractions, sous réserve que leur condamnation ne soit pas définitive. Il s'agit de rétroactivité *in mitius*.

B. Les lois expressément rétroactives

1. La théorie

a) Une pratique dangereuse

Ce que prévoit une loi, une autre loi peut le défaire. Ainsi, en dépit de l'article 2 du code civil, certaines lois peuvent être expressément rétroactives. Mais cette exception est très strictement encadrée, parce qu'elle fait peser des risques importants sur la situation juridique des individus ou sur le contenu des contrats en cours.

b) Une pratique contrôlée

Le Conseil constitutionnel considère ainsi que la rétroactivité doit être justifiée par « *un motif d'intérêt général suffisant* » (décision n° 98-404 DC du 18 décembre 1998). De son côté, le Conseil d'État rappelle que l'intervention rétroactive du législateur doit reposer sur « *d'impérieux motifs d'intérêt général* » (Conseil d'État, Assemblée, 27 mai 2005).

2. La pratique

Deux exemples de lois expressément rétroactives peuvent être cités.

a) La loi du 5 juillet 1985

La loi du 5 juillet 1985 relative à l'amélioration de la situation des victimes d'accidents de la circulation et à l'accélération des procédures d'indemnisation a été appliquée rétroactivement. Le texte a été étendu aux accidents survenus avant sa publication (sous réserve qu'une action en justice ait été engagée et qu'elle n'ait pas été close par une décision définitive).

b) La loi du 4 mars 2002

Il en est de même de la loi du 4 mars 2002 relative aux droits des malades et à la qualité du système de santé. Le texte qui a instauré de nouvelles mesures d'indemnisation des accidents médicaux, des affections iatrogènes et des infections nosocomiales a prévu que ce dispositif puisse s'appliquer aux accidents survenus à la suite d'actes de prévention, de diagnostic ou de soin intervenus avant la publication de la loi.

C. Les lois interprétatives

1. Une définition jurisprudentielle

Si les lois interprétatives n'ont pas de définition légale, la jurisprudence a, de son côté, rapidement circonscrit ce concept. Dans un arrêt célèbre du 20 février 1963, la Cour de cassation l'a défini comme un texte qui « *se borne à reconnaître, sans rien innover, un état de droit préexistant qu'une définition imparfaite a rendu susceptible de controverse* ». Comme leur nom l'indique, la finalité des lois interprétatives est donc d'interpréter une loi existante et précédemment publiée.

Par leur nature même, les lois interprétatives sont rétroactives : elles remontent à la date de l'entrée en vigueur d'un texte dont elles se font l'interprète.

2. Des dérives occasionnelles

a) Position du problème

Il peut parfois arriver que le législateur omette (volontairement ou non) de spécifier explicitement le caractère interprétatif d'une loi. Parfois, il ajoute même certaines dispositions au texte initial, ce qui va bien au-delà de la fonction d'interprétation recherchée. C'est donc au juge qu'il appartiendra de statuer sur cette situation qui présente un risque juridique.

b) Solution retenue

En application de la définition donnée par la Cour de cassation (constante depuis 1963), si la loi interprétative comprend d'autres dispositions (par exemple, introduction d'une nouvelle règle de droit), ses effets ne partiront qu'à compter du jour de sa publication et elle sera donc dépourvue de tout caractère rétroactif. Si, au contraire, elle ne fait que préciser l'ancienne loi en en réglant les « controverses », elle pourra s'appliquer de manière rétroactive.

Fiche 49

L'ENTRÉE EN VIGUEUR DE LA LOI NOUVELLE

I. LA RÈGLE DE L'EFFET IMMÉDIAT

A. Le principe

Certaines difficultés apparaissent lorsque deux lois ayant le même objet se succèdent. Il convient donc de régler les conséquences de ce qui est communément appelé « conflit de lois dans le temps ».

En application de l'article 2 du code civil, la nouvelle loi ne peut s'appliquer que pour l'avenir. Il en résulte que :

- les situations juridiques commencées et achevées antérieurement à la promulgation de la loi nouvelle restent soumises à la loi ancienne : celle-ci n'aura donc aucun impact sur ce qui relève désormais du passé ;
- les situations juridiques en cours (par exemple les contrats) sont régies par l'ancienne loi concernant leurs conditions initiales de formation et leurs conséquences passées : les futurs effets seront réglés par la loi nouvelle ;
- les situations juridiques qui naîtront postérieurement à l'entrée en vigueur de la loi nouvelle seront régies par le nouveau texte.

B. L'exemple de la loi du 3 décembre 2001

La loi 3 décembre 2001 a établi l'égalité de la filiation des enfants (article 310 du code civil). Qu'ils soient légitimes (nés d'un couple marié) ou naturels (conçus hors mariage), ils ont désormais des droits identiques, en particulier en matière de succession. La loi s'applique de la façon suivante :

- les successions déjà liquidées ne seront pas modifiées ;
- les successions ouvertes avant l'entrée en vigueur de la loi et non encore liquidées seront régies par le nouveau texte ;
- les successions ouvertes postérieurement seront soumises aux nouvelles règles.

II. L'EXCEPTION EN MATIÈRE CONTRACTUELLE

A. Le principe

1. Énoncé du principe

L'article 1134 du code civil indique que « *les conventions légalement formées tiennent lieu de loi à ceux qui les ont faites* ». Autrement dit, le contrat fait la loi entre ses signataires: il a force obligatoire. Il en résulte que toute modification de son contenu (*a fortiori* sa révocation) ne peut être faite unilatéralement. Elle suppose un accord des parties.

Toutefois, le principe d'application de la loi nouvelle pour les effets futurs des contrats déjà conclus pourrait sérieusement remettre en cause la sécurité juridique des relations contractuelles. Afin de ne pas bouleverser les conditions dans lesquelles les parties se sont engagées (des conséquences injustes pourraient en résulter), la jurisprudence a donc décidé que les lois nouvelles ne s'appliqueraient pas aux contrats en cours. Dans un arrêt du 15 juin 1962, la chambre commerciale de la Cour de cassation a estimé que « *les effets d'un contrat [étaient] régis, en principe, par la loi en vigueur à l'époque où il [avait] été passé* ».

2. Illustration du principe

Si, par exemple, une loi vient limiter le taux d'intérêt des contrats de prêt d'argent:

- elle n'aura aucun effet rétroactif sur les emprunts réalisés et intégralement remboursés;
- elle ne s'appliquera pas non plus aux contrats en cours: les intérêts devant être versés à compter de son entrée en vigueur et pour toute la durée restante du prêt resteront ceux initialement convenus (dans le cas contraire, l'emprunteur subirait un préjudice qu'il n'a pas pris en compte lors de la signature de son prêt);
- elle régira en revanche tous les nouveaux contrats de prêt à venir et dont les intérêts seront automatiquement plafonnés.

B. L'exception

Il convient cependant d'indiquer qu'à titre tout à fait exceptionnel, certaines lois peuvent modifier les contrats en cours. Il s'agit de cas très rares, aux enjeux relevant de l'ordre public et pour lesquels le législateur a clairement exprimé sa volonté de manière explicite. Par exemple, au nom de l'ordre public social, la loi du 19 janvier 2000 relative à la réduction négociée du temps de travail (passage aux 35 heures) a été immédiatement appliquée pour l'avenir aux contrats de travail signés avant son entrée en vigueur.

PARTIE III

LE DROIT EN TANT QUE PRÉROGATIVES : LES DROITS SUBJECTIFS

Les droits subjectifs sont l'ensemble des prérogatives dont bénéficie une personne physique ou morale. L'adjectif « subjectif » signifie qu'ils sont rattachés à un sujet de droit déterminé : ils peuvent donc différer dans leur contenu et dans leur portée en fonction des qualités et du statut de leur titulaire.

TITRE I

PRÉSENTATION DES DROITS SUBJECTIFS

Fiche 50

LES DROITS RÉELS ET LES DROITS PERSONNELS

I. LES DROITS RÉELS

A. La définition des droits réels

Les droits réels tirent leur nom du mot latin *res* (« chose »). Ce sont des prérogatives juridiques exercées sur des choses de manière directe et immédiate, sans intermédiaire. Ils ne dépendent de personne, à l'exception de leur titulaire qui est seul en mesure de les mettre en œuvre.

B. La typologie des droits réels

Les droits réels sont soit principaux, soit accessoires.

1. Les droits réels principaux

Les droits réels principaux s'exercent directement sur la chose sur laquelle ils portent. Il s'agit du droit de propriété, des droits de jouissance (comme l'usufruit) et des servitudes (que l'article 543 du code civil appelle « *services fonciers* »).

2. Les droits réels accessoires

Ils n'ont pas d'existence propre. Ils sont liés à une créance dont ils garantissent le recouvrement. Ils portent sur la valeur de la chose, notamment lorsque celle-ci sera vendue à la suite d'une saisie. Les droits réels accessoires sont des techniques de garantie (droit de gage, hypothèque).

II. LES DROITS PERSONNELS

A. La définition des droits personnels

Les droits personnels sont les pouvoirs qu'une personne a d'exiger une certaine prestation d'une autre personne. Contrairement aux droits réels, le titulaire d'un droit personnel (le créancier) n'exerce pas son droit directement : il dépend d'un intermédiaire (le débiteur).

Cette prestation (ou contrepartie) prend la forme d'un contrat, aussi appelé « obligation ». L'article 1101 du code civil en distingue trois catégories : obligation de donner, obligation de faire ou obligation de ne pas faire quelque chose.

B. La typologie des droits personnels

1. Les obligations de faire

Il s'agit d'imposer l'exécution d'une prestation à un débiteur qui s'est engagé à la réaliser. Les exemples sont nombreux : livrer un bien, exécuter des travaux, rémunérer un salarié...

2. Les obligations de ne pas faire

Elles consistent en une abstention. C'est par exemple le cas d'une clause de non-concurrence qui interdit l'exercice d'une activité professionnelle à un salarié à l'expiration de son contrat de travail.

3. Les obligations de donner

Au sens étymologique (latin *dare*), les obligations de donner consistent à transférer la propriété d'un bien. Cette qualification est critiquée par la doctrine en droit français car elle considère qu'elle n'a pas vraiment de contenu (outre le fait qu'elle est difficile à cerner). En effet, elle est très souvent « automatique » dès l'échange des consentements (au moment où le contrat est formé). Elle se confond avec l'obligation de faire et s'éteint immédiatement après son apparition. Ainsi, dès la signature d'un contrat de vente et après paiement du prix, l'acheteur prend instantanément possession de son véhicule. L'obligation du vendeur de « donner » le bien a en réalité disparu aussitôt après être née.

III. L'INTÉRÊT DE LA DISTINCTION ENTRE DROITS RÉELS ET DROITS PERSONNELS

La distinction entre les droits réels et les droits personnels emporte deux conséquences importantes.

A. Le droit de suite

Les droits réels sont opposables à tous. Cela signifie que leurs titulaires détiennent un droit de suite. Concrètement, le droit de suite correspond à la possibilité de faire saisir un bien, quel que soit le patrimoine dans lequel il se trouve et surtout si celui-ci se trouve entre les mains d'un tiers. Par exemple, le créancier hypothécaire peut saisir le bien immeuble sur lequel porte son hypothèque, même si celui-ci est sorti du patrimoine de son débiteur. Inversement, les droits personnels n'ont d'effet qu'entre les parties (le créancier et le débiteur) : ils ne sont pas opposables aux tiers.

B. Le droit de préférence

Tous les droits réels s'accompagnent d'un droit de préférence, contrairement aux droits personnels qui en sont dépourvus. Le droit de préférence permet à son titulaire (qualifié de « créancier privilégié ») d'être payé avant les autres créanciers ordinaires (appelés « créanciers chirographaires »).

L'administration fiscale ou les salariés d'une entreprise en difficulté sont des créanciers privilégiés. Ils sont prioritaires et seront payés avant les autres créanciers (paiement de l'impôt, versement des salaires).

Fiche 51

LES DROITS PATRIMONIAUX ET LES DROITS EXTRAPATRIMONIAUX

Le critère qui permet de distinguer un droit patrimonial d'un droit extrapatrimonial est simple: si le droit est évaluable en argent, il s'agit d'un droit patrimonial; s'il ne l'est pas, on est en présence d'un droit extrapatrimonial.

I. LES DROITS PATRIMONIAUX

A. Le contenu des droits patrimoniaux

Comme leur nom l'indique, les droits patrimoniaux portent sur le patrimoine du sujet de droit. D'origine latine (*patrimonium*), ce terme recouvrait au départ l'ensemble des biens de famille et des droits hérités du père.

Les droits patrimoniaux font partie de l'actif du patrimoine d'une personne physique ou morale. On peut en disposer librement, les échanger, les céder à titre onéreux (vente) ou gratuit (don). Ils sont transmissibles (par exemple par legs ou héritage) et saisissables par des créanciers.

Les droits patrimoniaux sont également prescriptibles, c'est-à-dire qu'ils peuvent être acquis ou perdus par prescription. Une prescription est un délai fixé par la loi, au terme duquel soit on acquiert un droit (prescription acquisitive), soit on le perd (prescription extinctive).

B. Les exemples de droits patrimoniaux

Entrent dans la catégorie des droits patrimoniaux:

- le droit de créance;
- le droit de propriété;
- le droit d'hypothèque;
- le droit de gage...

II. LES DROITS EXTRAPATRIMONIAUX

A. Le contenu des droits extrapatrimoniaux

Les droits extrapatrimoniaux n'ont pas de valeur pécuniaire: ils sont hors commerce. Ils sont très étroitement liés à la personne qui les détient. Ils ne font pas partie de son patrimoine. Ils sont incessibles, insaisissables et imprescriptibles. Ils touchent quasiment exclusivement les droits familiaux, les droits civils et civiques, et les droits de la personnalité.

B. Les exemples de droits extrapatrimoniaux

Entrent dans la catégorie des droits extrapatrimoniaux :

- les droits issus du mariage, du divorce, de la filiation ;
- le droit à l'intégrité physique, au respect de la vie privée ;
- la présomption d'innocence, le droit d'auteur ;
- le droit de vote, de grève, les libertés d'association et d'expression...

Fiche 52

LA THÉORIE DU PATRIMOINE

I. LE CADRE GÉNÉRAL

A. L'origine de la théorie

Le terme « patrimoine » apparaît peu dans le code civil, ses rédacteurs ayant préféré employer le terme « bien », sans doute plus simple à cerner.

Charles Aubry (1803-1883) et Frédéric-Charles Rau (1803-1877) sont deux universitaires strasbourgeois, spécialistes de droit civil. Ils sont notamment à l'origine de la théorie du patrimoine.

B. La définition du patrimoine

Le patrimoine est l'ensemble des droits et des obligations d'une personne physique ou morale. Il s'agit d'une enveloppe fictive, émanation de la personnalité juridique, qui comprend ses biens (l'actif) et ses dettes (le passif). En théorie, le patrimoine peut ne contenir que des biens ou que des dettes (hypothèse peu vraisemblable car toute personne détient au moins quelques effets personnels). Il peut même ne contenir ni biens ni dettes (cas d'un nouveau-né). Cependant, même vide, le patrimoine a une existence juridique car il a vocation à être progressivement rempli.

II. LES CARACTÉRISTIQUES DU PATRIMOINE

Plusieurs caractéristiques sont rattachées au patrimoine.

A. Le patrimoine est une universalité juridique

1. La notion d'universalité juridique

L'universalité juridique revient à considérer que les droits et les créances de la personne sont soudés les uns aux autres : ils sont un bloc et constituent l'actif du patrimoine. Inversement, les obligations et les dettes forment le passif. Actif et passif se compensent : les dettes seront payées à partir des biens figurant à l'actif : plus elles augmentent, plus l'actif diminue, et inversement.

2. La mise en œuvre de l'universalité juridique

Le droit de gage des créanciers se fonde sur cette universalité juridique. L'article 2284 du code civil prévoit que « *[celui qui] s'est obligé personnellement est tenu de remplir son engagement sur tous ses biens mobiliers et immobiliers, présents et à venir* ». La notion de « *biens mobiliers et immobiliers, présents et à venir* » est une référence implicite à la notion de patrimoine sur l'actif duquel les dettes contractées vont être remboursées.

B. Le patrimoine se transmet à titre universel

1. Principe

La transmission du patrimoine se fait à titre universel, c'est-à-dire qu'elle comprend l'actif et le passif.

2. Conséquences

On ne peut donc pas hériter uniquement des biens et refuser les dettes. Le patrimoine se transmet dans son intégralité ou ne se transmet pas. Sur ce point, il convient de rappeler qu'il est toujours possible de renoncer à une succession qui ne contiendrait que des dettes.

C. Le patrimoine est lié à la personnalité juridique

1. Principes

a) L'exigence de la personnalité juridique

L'existence de la personnalité juridique conditionne celle du patrimoine. En d'autres termes, il n'y a pas de patrimoine sans personnalité juridique.

La relation entre les deux notions est biunivoque. Cela implique que :

- tout sujet doté de la personnalité juridique dispose d'un patrimoine ;
- tout sujet doté de la personnalité juridique ne dispose que d'un seul patrimoine ;
- inversement, un patrimoine déterminé n'est rattaché qu'à une seule personne physique ou morale.

b) L'intransmissibilité entre vifs

Par ailleurs, le patrimoine est lié à la personne et n'est pas cessible de son vivant. On dit qu'il est « intransmissible entre vifs », justement pour éviter qu'un individu en soit totalement dépossédé s'il souhaitait le transmettre intégralement de son vivant.

2. Conséquences

Il résulte des deux principes précédemment énoncés que :

- les biens (meubles ou immeubles) et les animaux n'ont pas de patrimoine car ils n'ont pas de personnalité juridique ;
- le patrimoine ne peut pas exister seul : il se rattache obligatoirement à une personne physique ou morale ;
- le patrimoine reste lié à la personne aussi longtemps que dure la personnalité juridique : en cas de décès, le patrimoine du défunt se transmet par héritage.

Fiche 53

LES LIMITES DE LA THÉORIE DU PATRIMOINE

Sans doute définie de manière trop stricte et excessivement théorique, la théorie du patrimoine a progressivement fait l'objet de critiques. L'évolution des règles de droit et la transformation des pratiques des affaires ont finalement abouti à une remise en cause du concept sur plusieurs de ses caractéristiques essentielles.

I. LA FIN DE L'UNITÉ DU PATRIMOINE

L'unité du patrimoine paraît de plus en plus contredite par les activités des sociétés commerciales. C'est par exemple le cas de la loi du 15 juin 2010 relative à l'entrepreneur individuel à responsabilité limitée (EIRL). Le texte apporte une modification à l'article L. 526 6 du code de commerce. Désormais, son libellé indique que « *tout entrepreneur individuel peut affecter à son activité professionnelle un patrimoine séparé de son patrimoine personnel, sans création d'une personne morale* ». C'est donc officiellement admettre l'existence de plusieurs patrimoines pour une même personne physique.

II. LA FIN DE L'INTRANSMISSIBILITÉ ENTRE VIFS

L'intransmissibilité du patrimoine entre vifs semble elle aussi sérieusement contestée. Deux exemples en témoignent.

A. L'exemple des donations

Les dispositions du code civil en matière de donation de biens à venir (ou « donations au dernier vivant ») en témoignent. Assimilées à des legs, ces donations sont consenties entre époux, pendant le mariage et par un acte notarié. Puisque l'actif et le passif sont transmis, elles correspondent à une aliénation du patrimoine du donateur de son vivant.

B. L'exemple des fondations

Un autre exemple concerne le régime des fondations. L'article 18 de la loi du 23 juillet 1987 sur le développement du mécénat donne une définition précise de celles-ci : est une fondation « *l'acte par lequel une ou plusieurs personnes physiques ou morales décident l'affectation irrévocable de biens, droits ou ressources à la réalisation d'une œuvre d'intérêt général et à but non lucratif* ». Le simple fait pour une personne physique ou morale de transmettre unilatéralement des biens, des droits ou des ressources en vue d'un projet d'intérêt général confirme la possibilité d'une transmission entre vifs.

III. LA FIN DE L'UNIVERSALITÉ JURIDIQUE

Il s'agit de la dernière atteinte à la théorie du patrimoine, et ce n'est pas la moindre. En matière de surendettement des particuliers, il est prévu de mettre en liquidation judiciaire le patrimoine du débiteur surendetté. Toutefois, le code de la consommation (article L. 332-8) exclut de cette procédure deux catégories d'éléments :

- d'une part, les biens personnels nécessaires à sa vie courante ;
- d'autre part, les biens personnels indispensables à l'exercice de son activité professionnelle.

Le fait de pouvoir opérer un « tri » dans le patrimoine d'une personne, d'effacer certaines dettes tout en y laissant certains éléments d'actifs (alors qu'ils sont censés disparaître pour compenser le passif) contredit fortement le principe d'universalité.

TITRE II

PREUVE DES DROITS SUBJECTIFS

Fiche 54

LA DISTINCTION ENTRE FAITS JURIDIQUES ET ACTES JURIDIQUES

I. LES FAITS JURIDIQUES

A. Le concept de fait juridique

Les faits juridiques sont des événements susceptibles de produire des effets juridiques non recherchés par leurs auteurs: leurs conséquences s'imposent à eux de manière unilatérale et contre leur volonté.

B. La classification des faits juridiques

Les faits juridiques se répartissent entre plusieurs catégories.

1. Les faits de l'homme

Les personnes physiques en sont à l'origine. Les faits de l'homme sont soit involontaires (accident de la circulation, chute dans un escalier, responsabilité des parents du fait des agissements de leurs enfants), soit volontaires (commission d'une infraction, lecture d'un livre, promenade dans un parc...).

2. Les faits de la nature

Ce sont des phénomènes naturels: inondations, tempêtes, tremblements de terre, naissance ou décès d'une personne.

3. Les faits des choses

Ils surviennent spontanément (effondrement d'un vieil immeuble, explosion d'une voiture), mais ils peuvent également être reliés à un fait de l'homme (pollution d'un cours d'eau, incendie...).

II. LES ACTES JURIDIQUES

A. Le concept d'acte juridique

Un acte juridique se définit par la décision d'une personne physique ou morale de créer ou de modifier une situation juridique. Par nature, l'acte juridique recherche les effets de droit: il est donc toujours accompli de manière volontaire.

B. La classification des actes juridiques

Les actes juridiques sont répartis entre plusieurs catégories.

1. La finalité de l'acte

L'acte peut être civil (sans but lucratif) ou commercial (avec but lucratif). On trouve également des actes mixtes qui combinent les deux critères. C'est le cas d'un contrat de vente d'un objet qui est civil pour l'acheteur (il en devient le propriétaire) et commercial pour le vendeur (il en reçoit le prix convenu).

2. Les prérogatives sur l'objet de l'acte

Sont ici visées les trois catégories d'actes :

- les actes conservatoires : mesures courantes, habituelles, répétitives destinées, par exemple, à maintenir un bien en bon état ;
- les actes d'administration : mesures de gestion prises afin d'exploiter et de mettre en valeur un bien ;
- les actes de disposition : mesure importante visant à modifier la composition et donc la valeur d'un patrimoine (par exemple vente d'une partie de l'actif).

3. Les rédacteurs de l'acte

L'acte peut être rédigé de manière libre et informelle entre les parties contractantes : il s'agit d'un acte sous seing privé. Il peut aussi être rédigé par un officier ministériel, c'est-à-dire une personne titulaire d'un office attribué par l'État, et qui dispose d'un monopole pour exercer son activité (notaire, huissier de justice). Dans ce cas, l'acte qui est établi est « authentique ».

4. Le nombre de personnes engagées par l'acte

L'acte juridique est unilatéral lorsqu'il émane de la volonté d'une seule personne (testament, donation). Il est bilatéral lorsque des obligations naissent des deux parties (contrat de location d'un appartement, contrat de vente). Un acte bilatéral est également appelé « synallagmatique » (du grec *sunallagma* : « relation, réciprocité, échange »).

5. L'enjeu pécuniaire de l'acte

L'acte est établi à titre onéreux si une contrepartie monétaire est échangée (vente, location, prêt bancaire). Il est à titre gratuit en l'absence de celle-ci, lorsque son auteur aura voulu agir avec une intention libérale dans un souci de bienfaisance (on dit qu'il est réalisé *animus donandi*). Un prêt sans intérêt, un don ou un legs sont des actes à titre gratuit. Les contrats à titre gratuit sont presque toujours conclus *intuitu personæ*, c'est-à-dire qu'ils portent sur une personne précisément identifiée.

6. L'intention de l'auteur de l'acte

Si l'objet de l'acte n'est que d'entériner une situation juridique ou de constater l'existence d'un droit, l'acte est dit « déclaratif » (déclaration judiciaire de paternité, reconnaissance de dette).

Certains actes sont également constitutifs : ils créent de nouveaux droits ou modifient une situation juridique antérieure (création d'une société, hypothèque).

Enfin, il existe les actes translatifs dont la finalité est de transférer un droit (le plus souvent le droit de propriété) d'une personne à une autre (par exemple le contrat de vente).

7. La durée de l'acte

L'acte est à exécution instantanée lorsqu'il s'accomplit immédiatement ou très rapidement (contrat de vente). Il est à exécution successive lorsqu'il se déroule dans le temps (contrat de location, contrat d'abonnement à un journal mensuel...).

8. La connaissance de l'étendue des obligations

Un contrat est commutatif (article 1104 du code civil) lorsque chacune des parties *« s'engage à donner ou à faire une chose qui est regardée comme l'équivalent de ce qu'on lui donne, ou de ce qu'on fait pour elle »*. Il contient donc des obligations réciproques précisément déterminées et dont l'étendue est immédiatement circonscrite. Le contrat de vente en est le parfait exemple : l'obligation de l'acheteur (payer le prix) et celle du vendeur (délivrer le bien) sont parfaitement définies.

Le contrat est dit aléatoire lorsque les obligations d'au moins l'une des parties dépendent du hasard, d'un événement incertain. C'est le cas des contrats d'assurance ou des rentes viagères.

9. La liberté de rédaction des clauses

Lorsque les parties peuvent librement convenir de la rédaction des clauses d'un contrat, on est en présence d'un contrat de gré à gré (contrat de vente ou de prêt de particulier à particulier). Inversement, lorsque les dispositions d'un acte juridique s'imposent, il s'agit de contrats d'adhésion. Chaque individu est alors libre de contracter ou non, mais il ne peut ni en modifier les clauses, ni écarter l'application de certaines d'entre elles. Les exemples de contrats d'adhésion sont nombreux dans la vie courante : contrat de transport collectif, abonnement à un opérateur de téléphonie, contrats d'assurance habitation et automobile...

Fiche 55

LA LÉGALITÉ ET LA LIBERTÉ DE LA PREUVE

I. L'EXISTENCE DE DEUX SYSTÈMES DE PREUVE

Deux grands systèmes de preuve sont appliqués en droit français : les preuves légales et les preuves libres.

A. Les preuves légales

Le système de preuves légales est institué par le législateur qui, dans les lois, définit les modes de preuves à retenir. Il s'agit d'une forme de hiérarchisation des moyens de preuve qui évite d'avoir recours à l'interprétation ou à l'intime conviction du juge.

B. Les preuves libres

Les preuves libres laissent aux parties le choix entre les différents procédés de preuves. Elles sont de rang égal et sont soumises à l'appréciation souveraine du juge qui décide de leur force (et donc de leur portée). C'est ce que confirme l'article 1316-2 du code civil : « *lorsque la loi n'a pas fixé d'autres principes (...), le juge règle les conflits de preuve (...) en déterminant par tous moyens le titre le plus vraisemblable, quel qu'en soit le support* ».

II. LA MISE EN ŒUVRE DE DEUX SYSTÈMES DE PREUVE

A. La variabilité de la mise en œuvre

Selon les branches du droit, l'un ou l'autre système prévaut. Par exemple, en droit pénal et devant la cour d'assises, la preuve repose sur l'intime conviction des jurés. C'est l'illustration de la liberté de la preuve et les parties en présence auront donc toute latitude pour apporter des éléments probants de toute nature (rapports d'expertise, écrits, témoignages...) soumis au délibéré du jury.

Le droit des obligations retient quant à lui l'écrit comme principal mode de preuve. Pour autant, le droit civil n'exclut pas non plus d'autres procédés, comme la preuve par témoin, les présomptions, l'aveu ou le serment. Il leur accorde seulement une moindre importance.

B. La complexité de la mise en œuvre

1. Une apparente contradiction

La coexistence de deux principes de légalité et de liberté des preuves rend un peu confus l'objectif poursuivi par le législateur. D'un côté, ce dernier souhaite parfaitement sécuriser l'environnement juridique en le protégeant par des moyens incontestables. D'un autre, il tolère l'existence de nombreux autres moyens plus fragiles. Ce constat, qui est objectivement une source de complexité de l'analyse juridique, s'explique en réalité par l'apparition d'une nouvelle donnée: la morale

2. L'introduction de la morale

L'introduction de la morale n'est pas prévue par loi qui, au contraire, recherche la vision la plus objective possible des éléments de preuve. Toutefois, au titre de la liberté de la preuve, le juge peut décider de prendre en compte d'autres éléments que la loi n'impose pas. Spontanément fournies par les parties, ces données aboutissent à des solutions plus justes, donc mieux comprises. Mais il n'en demeure pas moins que, dans la pratique, le recours à des preuves « moralement acceptables » rend leur appréciation subjective et leur prise en compte délicate, en particulier lorsqu'elles sont contradictoires (ce qui est fréquent).

Fiche 56

LA CHARGE DE LA PREUVE

La charge de la preuve est l'obligation qui pèse sur une partie de rapporter l'exactitude des faits ou l'existence d'un droit.

I. LE PRINCIPE

A. Le cas du demandeur

L'alinéa 1er de l'article 1315 du code civil prévoit que celui qui réclame l'exécution d'une obligation doit la prouver. Ce principe signifie que la charge de la preuve incombe au demandeur. Si l'on prend le cas d'une vente, le vendeur devra démontrer qu'il n'a pas reçu le paiement du prix du bien qu'il a vendu. Cette « preuve négative » (prouver qu'il n'a pas été payé) est en réalité assez difficile à établir. Si le bien a été payé en argent liquide, il n'en restera aucune trace. La parole du vendeur aura la même valeur que celle de l'acheteur. Si le paiement a été effectué par chèque, l'acheteur sera toujours considéré comme débiteur tant que celui-ci n'aura pas été encaissé. Le paiement électronique est plus fiable puisqu'il fait immédiatement apparaître au crédit du compte du vendeur la somme qui lui a été versée par l'acheteur.

B. Le cas du défendeur

La personne contre laquelle l'action en justice est intentée (le défendeur) a la possibilité de présenter des preuves contraires qui démontrent qu'il s'est acquitté de son obligation. C'est le sens de l'article 1315 alinéa 2 : « *réciproquement, celui qui se prétend libéré doit justifier le paiement ou le fait qui a produit l'extinction de son obligation* ». Ainsi, toujours dans l'hypothèse de la vente, l'acheteur peut par exemple rapporter la preuve qu'il a effectué le paiement de son achat par un extrait de son compte bancaire sur lequel figure le montant débité. Cette preuve « éteint » l'obligation qui lui incombait de payer le prix.

II. LA MISE EN ŒUVRE DU PRINCIPE

La charge de la preuve se rapporte différemment selon les domaines. Et dans chacun d'entre eux, il convient de bien distinguer le rôle du juge et celui des parties.

A. Les juridictions civiles

1. Portée de l'article 1315 du code civil

Les juridictions civiles ont recours au système des preuves légales mais elles reçoivent également, si besoin, des éléments probants librement fournis par les parties, et dont le rôle est déterminant lors de l'instance. Dans le premier cas, le juge est tenu par la force que la loi accorde aux modes de preuve, avec une primauté de l'écrit. Dans le second cas, il apprécie souverainement les pièces qui lui sont présentées. Il s'agit donc globalement d'une procédure plutôt accusatoire.

2. Renversement de l'article 1315 du code civil

Comme il l'a été rappelé, il est possible de déroger aux dispositions du droit de la preuve du code civil car elles ne sont pas d'ordre public. Il serait donc théoriquement possible d'inverser le principe posé par l'article 1315 et de convenir, par une convention particulière, que la charge de la preuve incombe au défendeur.

B. Les juridictions pénales

Le caractère inquisitoire de la procédure devant les juridictions pénales (notamment illustré par le rôle du juge d'instruction) implique la recherche d'éléments à charge et à décharge de la personne mise en cause. Le juge est donc partie prenante dans l'administration des preuves.

C. Les juridictions administratives

En matière administrative, aucun texte ne définit à qui incombe la charge de la preuve. On ne trouve pas davantage de règle relative aux modes de preuve admis et rejetés. Il n'existe enfin aucune hiérarchie parmi les preuves admissibles. Les preuves sont donc rapportées par tous moyens et sont appréciées au cas par cas par le juge.

Fiche 57

LE RENVERSEMENT DE LA CHARGE DE LA PREUVE

I. LA DISPENSE DE PREUVE

A. La notion de présomption

Dans certains cas, les affirmations de celui qui intente une action en justice (le demandeur) sont considérées comme vraisemblables, sans qu'il ne soit besoin d'en attester, soit par écrit, soit par témoignage. Il est en quelque sorte « dispensé » de prouver ses prétentions. C'est le rôle joué par les présomptions.

B. Le recours aux présomptions

1. Définition

Ce mécanisme de fiction juridique (« on fait comme si le demandeur avait raison ») repose sur des présomptions définies à l'article 1349 du code civil : « *les présomptions sont des conséquences que la loi ou le magistrat tire d'un fait connu à un fait inconnu* ».

2. Typologie

Le code civil en distingue deux types. Les présomptions établies par la loi sont appelées « présomptions légales ». Celles établies par le magistrat sont dénommées « présomptions du fait de l'homme ».

II. LES PRÉSOMPTIONS LÉGALES

Ces présomptions peuvent être simples ou irréfragables.

A. Les présomptions légales simples

1. Définition

Elles dispensent le demandeur d'apporter la preuve de ses allégations. En revanche, le défendeur pourra apporter la preuve contraire, pour établir que les prétentions du demandeur sont erronées ou non fondées.

2. Exemples

On peut citer comme présomptions légales simples :

- la présomption de propriété d'un bien meuble lorsqu'on est en sa possession : la preuve contraire pourra néanmoins être rapportée par un tiers s'il présente une facture du bien libellée à son nom ;
- la présomption de la qualité de commerçant par la seule inscription d'une personne physique au registre du commerce et des sociétés :

elle tombe toutefois d'elle-même si l'on démontre que la procédure n'a pas été rigoureusement suivie;

- la présomption de paternité du mari qui peut être contredite lorsque l'acte de naissance ne mentionne pas son nom;
- la présomption de mitoyenneté concernant toute séparation (murs, clôture, palissade...) édifiée en limite séparative de deux propriétés privées.

B. Les présomptions légales irréfragables

1. Définition

Elles dispensent le demandeur d'apporter la preuve de ses allégations et interdisent au défendeur d'apporter la preuve contraire. Leur portée est absolue et c'est la raison pour laquelle le droit français en compte un nombre très limité.

2. Exemples

On peut citer comme exemples de présomptions légales irréfragables:

- la présomption de paiement par la remise d'un titre libératoire par le créancier à son débiteur (par exemple une facture avec un tampon « payé » présume, sans possibilité de preuve contraire, que l'acheteur a versé le prix);
- la présomption de captation d'héritage pesant sur le personnel médical ayant prodigué des soins à une personne à l'occasion d'une maladie dont elle est décédée (c'est la raison pour laquelle la loi leur interdit de recevoir des dons ou des legs);
- la présomption du caractère indéterminé d'un contrat de travail si ce dernier n'est pas écrit.

III. LES PRÉSOMPTIONS DU FAIT DE L'HOMME

A. Le contenu

L'article 1349 du code civil prévoit une autre catégorie de présomption: les présomptions du fait de l'homme.

1. L'intime conviction

Les présomptions du fait de l'homme relèvent d'une catégorie floue qui fait référence à l'intime conviction du juge. Ces présomptions sont en quelque sorte les éléments qui servent de support au raisonnement logique du magistrat et qui lui permettent de prendre sa décision.

2. Des formes multiples

La forme de ces présomptions est diversifiée: rapports d'expertise, témoignages, pièces communiquées par les parties, enquêtes, actes d'instruction, comptes-rendus d'audition...

B. La portée juridique

1. Des présomptions simples

Comme elles sont constituées de document d'inégale importance (ce qui les rend potentiellement contestables), les présomptions du fait de l'homme admettent systématiquement la preuve contraire. Elles sont donc toujours des présomptions simples.

2. Des présomptions à utiliser avec réserve

Le code civil recommande d'user des présomptions du fait de l'homme avec prudence : « *les présomptions qui ne sont point établies par la loi, sont abandonnées aux lumières et à la prudence du magistrat, qui ne doit admettre que des présomptions graves, précises et concordantes* » (article 1353).

Fiche 58

LA PREUVE DES ACTES JURIDIQUES ET DES FAITS JURIDIQUES

I. LE CONCEPT DE PREUVE

A. La définition de la preuve

Prouver consiste à démontrer des éléments ayant fait naître un fait ou un droit dont on souhaite se prévaloir vis-à-vis d'un tiers. C'est un aspect fondamental dans un conflit car, selon l'adage, ne pas prouver son droit revient à ne pas en avoir. Les preuves ont donc pour objectif d'établir la vérité de la manière la moins contestable possible.

B. Le périmètre de la preuve

La preuve de l'existence d'un droit repose sur deux éléments: d'une part les règles de droit applicables; d'autre part les actes ou les faits juridiques concernés.

1. La preuve du droit

Le droit se fonde sur les règles édictées par les lois. Celles-ci sont publiées, impératives et d'application unilatérale. Elles sont d'autant moins contestables que leur connaissance est présumée des justiciables (nul n'est censé ignorer la loi). Quant au juge, il connaît les règles de droit comme le confirme l'adage «*jura novit curia*». En résumé, les règles de droit n'ont pas à être prouvées par les parties. Leur existence est préétablie.

2. La preuve des actes et des faits juridiques

Il en va différemment des actes et des faits juridiques. Ceux-ci sont au cœur des contestations portées devant le juge. C'est bien leur remise en cause par un tiers qui fait naître le litige. Ce sont donc eux qui devront être prouvés.

II. LA PREUVE PAR ÉCRIT DES ACTES JURIDIQUES

A. Le principe

1. Le cas général

La preuve des actes juridiques n'est pas libre. En dessous de 1 500 euros, la preuve par tous moyens est admise (témoignage, présomption...). Au-dessus, un écrit est exigé (article 1341 du code civil). Cela peut être un acte simple (acte sous seing privé) ou un acte authentique (passé devant notaire). Le code civil qualifie l'écrit de «*preuve littérale*». Sa définition figure à l'article 1316: «*la preuve littérale, ou preuve par écrit, résulte d'une suite de lettres, de caractères, de chiffres ou de tous autres signes ou symboles dotés d'une signification intelligible, quels que soient leur support et leurs modalités de transmission*».

2. Le cas de l'écrit électronique

Les écrits électroniques (fichiers, images, messages) ont la même valeur que les écrits sous forme papier, sous réserve de remplir deux conditions cumulatives (article 1316-1 du code civil) :

- la personne dont ils émanent doit pouvoir être identifiée ;
- ils doivent être établis et conservés dans des conditions de nature à en garantir l'intégrité.

B. Les dérogations au principe

Les dispositions de l'article 1341 du code civil (et plus généralement l'ensemble des articles relatifs au droit de la preuve) ne sont pas d'ordre public. Cela signifie que les parties peuvent y déroger par une convention contraire (par exemple, une clause particulière dans un contrat).

On peut ainsi théoriquement décider que seuls des témoignages seront recevables et feront foi pour attester de l'existence d'un acte juridique. Mais cette pratique est rare car elle fragilise les relations contractuelles (les écrits constituent presque toujours des preuves incontestables).

C. La recevabilité de la preuve auto-constituée

Il existe un adage selon lequel nul ne peut se constituer de preuve à soi-même. Cette règle de bon sens interdit, dans un souci d'impartialité, d'accorder une valeur probante aux pièces qui émanent directement des parties. Cette règle est d'application constante. Elle est étroitement contrôlée par les juridictions judiciaires, en particulier la Cour de cassation, qui en rappelle régulièrement le contenu et la portée.

III. LA PREUVE PAR TOUS MOYENS DES FAITS JURIDIQUES

A. La recevabilité de la preuve par tous moyens

Les faits juridiques sont involontaires et parfois accidentels. Ils engendrent des conséquences qui n'ont jamais été recherchées par ceux qui les subissent. Difficiles à établir, ils peuvent être prouvés par tous moyens, ce que la jurisprudence réaffirme régulièrement.

B. La recevabilité de la preuve auto-constituée

Contrairement à la règle applicable pour les actes juridiques, la question s'est posée de savoir si un fait juridique pouvait être prouvé à partir d'une preuve auto-constituée, c'est-à-dire élaborée par la personne qui en subissait elle-même les effets.

Dans un arrêt du 1er octobre 2014, la Cour de cassation a répondu négativement. Les faits étaient simples : victime d'un accident à bord d'un bateau navigant à vitesse excessive, un plongeur avait consigné les circonstances des événements dans un carnet. La cour d'appel avait écarté la force probante de ces annotations, considérant que la victime ne pouvait rapporter une preuve qu'elle avait produite. Son arrêt a été cassé par la Cour de cassation. La haute juridiction a fait valoir que puisqu'il n'y avait pas de volonté de bénéficier d'effets de droit dans un fait juridique, l'exigence d'une preuve écrite ne pouvait être exigée pour en rapporter la preuve. En conséquence, n'importe quel moyen pouvait être utilisé, notamment un carnet personnel et les mentions manuscrites qui y figuraient.

Fiche 59

LES PREUVES PARFAITES

I. L'ÉCRIT

La preuve par écrit est exigée lorsque les montants dépassent 1 500 euros. Il peut s'agir d'un acte authentique (acte notarié) ou d'un acte sous seing privé.

A. L'acte authentique

1. Définition

L'article 1317 du code civil énonce que « *l'acte authentique est celui qui a été reçu par officiers publics ayant le droit d'instrumenter dans le lieu où l'acte a été rédigé et avec les solennités requises* ».

En pratique, la notion d'acte authentique recouvre différents documents :

- la « minute » d'un notaire (nom de l'original d'un acte) : acte de vente immobilière, testament, contrat de mariage ;
- l'acte d'un huissier (saisie, constat, assignation) ;
- l'acte d'état civil (acte de naissance et de décès).

2. Conditions de validité

Les conditions de validité d'un acte authentique reposent d'abord sur la qualité de son rédacteur. Il s'agit d'un officier ministériel (notaire, huissier) ou d'un officier public (maire). Celui-ci doit être également territorialement compétent (article 1317 du code civil) : un maire ne peut pas par exemple rédiger d'acte d'état civil pour un habitant ne résidant pas dans sa commune.

3. Portée juridique

L'acte authentique a une force particulière puisqu'il ne peut être contesté que par une procédure dite « d'inscription de faux ». Dans l'hypothèse où elle aboutit, elle conduit à l'annulation de l'acte qui, dès lors, est réputé n'avoir jamais existé. L'annulation emporte des effets rétroactifs et replace les parties dans la situation dans laquelle elles étaient avant l'établissement de l'acte.

B. L'acte sous seing privé

1. Définition

L'acte sous seing privé est librement établi entre les parties. En l'absence de formalisme, sa force probante est moindre que celle reconnue aux actes authentiques. L'acte sous seing privé doit être signé. La signature peut en cas de besoin être remplacée par une croix (si une personne ne sait pas écrire), des empreintes digitales ou un fichier numérique (signature électronique).

2. La mention du nombre d'exemplaires

Les contrats bilatéraux (synallagmatiques) doivent être établis en autant d'exemplaires qu'il y a de signataires, et leur nombre doit explicitement figurer dans le texte (article 1325 du code civil). Le non-respect de cette procédure entraîne leur nullité. Toutefois, seul un exemplaire est nécessaire si ce dernier est déposé chez un notaire qui le tient à la disposition de tous.

3. La mention des montants

Les actes sous seing privé qui concernent une somme d'argent (cautionnement, don, prêt) doivent mentionner son montant en chiffres ainsi qu'en toutes lettres (un peu comme ce que l'on fait lorsque l'on rédige un chèque). En cas de discordance entre les sommes, c'est celle écrite en lettres qui prévaut (article 1326 du code civil).

II. L'AVEU JUDICIAIRE

A. La notion d'aveu judiciaire

L'aveu consiste, pour une personne, à reconnaître de manière non équivoque un fait produisant des conséquences juridiques à son encontre. C'est un acte juridique unilatéral.

B. Les caractéristiques de l'aveu judiciaire

L'aveu n'est pas divisible : on ne peut en retenir une partie et en écarter une autre. C'est un « bloc » qui doit être pris comme il se présente (on ne peut donc pas en retirer ce qui ne conviendrait pas).

L'aveu n'est pas non plus révocable. C'est ce qui explique qu'il ne porte que sur des faits et non sur du droit, car l'on ne saurait remettre en question les règles de droit.

C. La portée juridique de l'aveu judiciaire

L'aveu fait foi contre celui qui le fait car il est la manifestation de la vérité. Il lie le juge, ce qui signifie que ce dernier doit tenir pour vrai ce qui a été dit, quelle que soit son intime conviction, même si d'autres pièces contradictoires existent.

III. LE SERMENT JUDICIAIRE DÉCISOIRE

Il s'agit de l'affirmation solennelle devant une juridiction de la véracité d'un fait ou d'un acte de nature à permettre de régler un litige. Il n'est pas possible de recourir au serment judiciaire décisoire dans les domaines où les transactions par des conventions particulières sont interdites (ordre public, bonnes mœurs...). Comme pour l'aveu, le serment ne porte que sur des considérations de fait et non de droit.

La force du serment est comparable à celle de l'aveu. Il lie le juge.

Fiche 60

LES PREUVES IMPARFAITES

I. LA PREUVE PAR TÉMOIN

A. Le concept

La preuve par témoin (ou « testimoniale ») est la reconnaissance par une personne de faits dont elle a eu connaissance et dont elle fait part au cours d'une action en justice, soit par écrit, soit oralement. Le témoignage est direct quand la personne restitue des faits qu'elle a vus ou entendus. Il est parfois indirect, lorsqu'elle rapporte des éléments vus ou entendus par un tiers. En pratique, on y a principalement recours en droit de la famille (état civil, mariage, divorce, filiation, succession).

B. La portée juridique

La force de la preuve par témoin est réduite, surtout face à des actes juridiques pour lesquels la preuve écrite a primauté. Cela s'explique car la preuve par témoin peut être facilement contredite par d'autres témoignages. Inversement, plusieurs témoignages concordants renforceront le contenu des déclarations.

II. LE COMMENCEMENT DE PREUVE PAR ÉCRIT

A. Le concept

1. Le périmètre initial

Un commencement de preuve par écrit figure à l'article 1347 du code civil : il s'agit d'un acte écrit émanant du défendeur (celui contre lequel une demande est formée) et qui rend vraisemblable le fait allégué. L'acte ne peut en aucun cas provenir d'un tiers. Les données dématérialisées ayant la même valeur qu'un écrit (article 1316-1 du code civil), elles peuvent également constituer un commencement de preuve par écrit.

2. Le périmètre élargi

Curieusement, d'une manière extensive, le juge a pu reconnaître l'existence d'un commencement de preuve par écrit en l'absence de tout écrit. C'est par exemple le cas de propos tenus par l'une des parties lors d'une audience, d'un silence (refus de répondre) ou même d'une absence à une convocation.

B. La portée juridique

La force probante d'un commencement de preuve par écrit est moins importante que celle accordée aux actes sous seing privé et, *a fortiori*, aux actes authentiques. Un commencement de preuve par écrit peut d'ailleurs naître d'un acte sous seing privé « imparfait ». Par exemple, si ce dernier ne respecte pas les conditions fixées à l'article 1326 du code civil (obligation de libeller les montants à la fois en chiffres et en lettres), il est considéré par la jurisprudence comme un simple commencement de preuve par écrit (arrêt de la première chambre civile de Cour de cassation du 8 octobre 2014).

INDEX